# 服务型管理

## 成就高业绩团队

【美】谢丽尔·巴舍尔德 著 黄睿睿 译

# DARE TO SERVE

## HOW TO DRIVE SUPERIOR RESULTS BY SERVING OTHERS

九州出版社
JIUZHOUPRESS

**图书在版编目（CIP）数据**

服务型管理成就高业绩团队 /（美）谢丽尔·巴舍尔德著；黄睿睿译. --北京：九州出版社，2017.11

ISBN 978-7-5108-6372-1

Ⅰ. ①服… Ⅱ. ①谢… ②黄… Ⅲ. ①企业管理一组织管理学 Ⅳ. ①F272.9

中国版本图书馆CIP数据核字（2017）第277432号

**服务型管理成就高业绩团队**

作　　者　［美］谢丽尔·巴舍尔德　著　黄睿睿　译
出版发行　九州出版社
地　　址　北京市西城区阜外大街甲35号（100037）
发行电话　（010）68992190/3/5/6
网　　址　www.jiuzhoupress.com
电子信箱　jiuzhou@jiuzhoupress.com
印　　刷　三河市中晟雅豪印务有限公司
开　　本　700毫米×970毫米　32开
印　　张　6
字　　数　150千字
版　　次　2018年1月第1版
印　　次　2018年1月第1次印刷
书　　号　ISBN 978-7-5108-6372-1
定　　价　26.00元

版权合同登记号 图字 01–2017–7439

# 鼎力推荐

“在我读过的领导力和团队管理相关书籍中，这本书是最实用、最有效的一本。谢丽尔完全是通过真实的事例、基于派派思路易斯安那厨房餐厅扭亏为盈的经历与我们一同分享如何有目的、有技巧、有针对性地、勇敢地、谦逊地服务于他人。她切实可行的经验方法、有目共睹的成果以及富有感染力的激情对于所有想实实在在地改变世界的人来说，都是一种激励。”

——Bonnie Wurzbacher

**国际世界宣明会首席资源发展总监**

**可口可乐全球客户领导前高级副总裁**

“这本书既是派派思路易斯安那厨房餐饮公司扭亏为盈的传奇历史，也是谢丽尔振奋人心的自我探索历程，这些经历激励着她坚持以非常规的方式管理企业，并取得了非凡的成就。”

——Andy Stanley

**北角事工创始人**

“这本书坦诚地从幕后视角告诉大家，勉力支撑的连锁餐厅如何通过简单却颠覆性的改变，即基于服务他人的管理模式，转变成为蓬勃发展的成功品牌。任何管理者都不应该错过这本书！”

——Phil Cordell

**希尔顿酒店集团集中服务业务及欢朋品牌管理全球负责人**

“这本书既引人入胜又鼓舞人心！巴舍尔德通过她在派派思路易斯安那厨房的亲身经历，证明了自己以人为本的管理方式。这些经验是从我们这样一个以服务他人为根本核心的行业中产生并打磨出来的，不仅适用于各行各业，更能启发人的一生。”

—— Dawn Sweeney

**全美餐馆协会总裁兼首席执行官**

“谢丽尔·巴舍尔德在扭转派派思危机中采用了大胆而非常规的管理方式，这对于我们所有人来说都是一种挑战，迫使大家改进自己的方法。谢丽尔一马当先，号召大家以帮助组织达成更高成就为目的，把员工与顾客的需求放在自己的需求之前。”

—— Scott MacLellan

**金巴斯集团旗下接触点支持服务公司首席执行官**

“谢丽尔关心的是下属们目标导向性的成功，反而却赢得了我们所有人都想为组织创造的成就。这本书讲述了她如何挽救一个亟需扭亏为盈的企业和达成卓越成就时所遵从的各种大胆的准则。”

——Tim Irwin博士

**畅销书《影响力》作者**

“这本书让我的想法发生了翻天覆地的变化。谢丽尔向我们分享了她实证有效的智慧，展示了勇于服务的管理方式之所以这么高效的机制和原因。这是一本改变游戏规则的书，所有人都应该读一读。”

——Art Barter

**Datron控股有限公司总裁兼首席执行官**

**公仆式领导研究院创始人及首席执行官**

“这本书是一本改变规则的书！书中的准则能创造出单打独斗时代所不能企及的指数级成果。如今的董事会正在寻找勇于服务型的管理者来点燃组织的各种可能性。这是一本所有人都必须要读的书！”

——Jane Edison Stevenson

**光辉国际咨询顾问公司董事及首席执行官服务副董事长**

**《大创新》（*Breaking Away*）合著者**

“不过两分钟，谢丽尔·巴舍尔德就让我意识到她是认真践行公仆式领导的，而不过两页，这本书就以其内容的重要性吸引了我。这本书将改变你生活和领导的方式——只要你敢于一试。”

——Tommy Spaulding

**《纽约时报》畅销书** *It’s Not Just Who You Know* **作者**

感谢我的祖父母，杰克和伯莎，约翰和葛特露；
感谢我的父母，麦克思和玛格；
感谢我的兄弟姐妹，贝丝、劳拉和大卫以及他们的家人；
感谢我的丈夫克里斯和女儿们，特蕾西、凯瑟琳、卡特琳娜；
感谢女婿们及现在和未来的孙子孙女们，
——全因你们，我才懂得爱情、家庭与信仰的幸福。

感谢派派思管理层以及所有我服务过的人——对于你们的能力、特质和服务，我深表感激。

感谢创造这个故事的派派思全体同仁——能同你们一路走来我无比荣幸。

# 目录

## 第二部分

# 如何成为勇于服务的领导者

# 勇于服务的领导者

百老汇即将开演，灯光变暗，音乐响起，观众们都等着台上的聚光灯亮起。随着主演亮相，好戏就要开场了。

领导力也如是。当你成为一名领导者，人们就会等着你步入舞台中心的聚光灯下。所有人都会盯着你——等着看你是谁，要说什么，要做什么。总之，你就是那个引领他们的人。

要是舞台聚光灯亮起后，你没有出现会怎样？会发生什么？

大家会迷茫。他们会纳闷你在哪里。他们会觉得你不清楚自己的定位。

一直到他们意识到你在做什么。

你是一位与众不同的领导者。追求的不是聚光灯。

事实上，你已经步下舞台，去找那些发光的队员。

你将聚光灯的焦点——转向了你所领导的人。

你将引领大家达成宏伟的目标——远远超出他们的想象。

一路上，你将竭诚为他们提供最好的服务。

你将帮他们找到自己工作的意义与行动的准则。

你勇于服务。

## 聚光灯

传统的管理思维把领导者放在聚光灯下。

传统的领导者会站在权威的立场上宣告新的观点。他们将所有的光芒都聚集在自己身上，全知全能。虽然略显自私，但成果斐然。但因为他们进取的方向与我们期待的正好一致，所以我们都能忍。我们认为，只要他们成功了，自己也就成功了。

另一种极端情况是谦逊的公仆型领导者。他们回避聚光灯，仔细倾听他人的意见，让大家共同决策。他们所做的决定都是为了更好地服务于人，将功劳归于他人。我们会对这种领导者有所怀疑，虽然喜欢他们，但又怕他们无法带领我们走向成功。他们能做出什么杰出成就来吗？我们不确定。

我们认为聚光灯下的领导者才能有所成就。毕竟“祸害”才能“遗千年”呀。

你伺候过喜欢聚光灯的领导者吗？感受如何？

我的观点很简单，但与传统正好相悖。如果能把自己移到聚光灯外，勇于服务他人，你将取得非凡卓越的成就。大多数人以前都没听过这个说法。

许多人会持怀疑态度，甚至难以理解。你呢？

可能你觉得无私奉献纯属圣人之举或出于慈善。可能你觉得服务他人是软弱怯懦的表现，不够大胆，不够勇敢。可能你会想："我从未见过这种领导者，他们是否存在还是个谜。"

是时候重新考虑一下这些假设了。

这种截然不同的领导者集多种罕见的性格特质于一身，既有能引导众人实现宏伟目标的勇敢，也有全程为他人无私奉献的谦逊。而这种勇敢与谦逊之间的动态平衡，正好创造了成就卓越的环境。

这就是勇于服务的领导者。

## 我的发现

> 我们国家唯一的根本性错误就是：主要组织的领导者们管理观念全都不正确。
>
> 罗伯特·汤森（Robert Townsend），
> 《提升组织》（*Up the Organization*）

大约15年前，我开始入门学习领导力。那时的我已经在大型上市公司工作了20年。经历过无数次升职，也在许多人手下工作过：有些领导做得非常好，也有一些不怎么样的。

我开始思考，自己一直以来喜欢的那些领导者——那些我曾为之付出过最多努力的工作，也曾带领我做出过最好业绩的那些领导者都有什么特质。

我发现，最让我仰慕的领导者不仅让人乐于效力，还能带领团队成就辉煌。

我希望自己成为什么样的领导者呢？应该以谁为榜样呢？

我从自己的管理经历中发现，答案一直在内心的最深处。

你喜欢的领导者明显与众不同。他们不计较自身利益，却能激发你找到勇气，营造出令人向往的工作环境。他们为了追求更高远的目标而避开了聚光灯。他们在日常决策中有明确原则。你不仅喜欢这样的领导者，还会为他们拿出自己最好的表现。

那么问题来了，你会选择成为哪一种领导者？你敢于服务吗？

## 这本书就是为你准备的

这本书以实践者为对象，即正处于管理者位置上的人。不论你所在的组织大小，所处的位置高低，只要你被赋予了带领一个团队的角色，这本书就是为你而准备的。

这本书的灵感并不是来源于著名的领导人、首席执行官或名流们，而是来源于那些只要有机会管理一个团队，不论是在工作、家庭还是在社区里都希望做出一番成就的普通人。从新奥尔良、路易斯安那，到新加坡的派派思餐厅，它们的负责人都是这种鼓舞人心的类型。在每天工作中我都能遇到他们，真是太荣幸了。餐厅负责人通常都比我见过的首席执行官更加勇于服务。他们激励了我，让我讲述这个故事。

## 你会学到什么？

这本书汇集了我管理生涯中的各种发现，希望能帮助你成为一位勇于服务、成就卓越的领导者。我的提议并非遥不可及的空想，而是一种非常规的思考方式。

本书的前半部分是派派思路易斯安那厨房公司扭亏为盈的故事，派派思是一家公开上市的全球连锁餐厅公司，我非常荣幸成了该公司的领导者。派派思的故事是一个管理层勇于为他人提供周到的服务，赢得行业领先地位的真实例子。

本书后半部分是介绍怎样才能成为勇于服务的领导者。书中提供了一些思路和问题，它们能引导你成为最有成效的领导者。

我的建议中最难做到的是哪一点呢？

你必须把自己拉到聚光灯以外。台上帷幕会拉开，灯光会转暗，人们仍将翘首以待。

你却不会像预期般出现，不会走到聚光灯下。

相反，你会想方设法让聚光灯投射到别人身上。你帮助他们追求梦想，找到工作的意义，提高他们的能力。你将以身作则，在日常决策中坚持原则，营造信守承诺的氛围。当人们明白你在做什么的时候，就会认识到在他们追求人生最高成就的道路上，你是一个值得追随的领导者。

而你成为勇于服务的领导者以后，将为自己的团队成员带来深远的影响，并且和他们一起取得卓越的成就。

## 这种想法从何而来?

十几年前，我在百胜餐饮集团的管理层会议上见到了《从优秀到卓越》（*Good to Great*）的作者吉姆·柯林斯（Jim Collins）。他介绍了书中的观点，描述了一种新型的最佳领导者——第五级领导者。他说，第五级领导者是“兼有谦逊人格与专业意志的矛盾综合体。毫无疑问，他们志向远大，但并未将自身利益放在第一位，而是以公司利益为先”。

柯林斯在书中塑造了公仆式领导的形象，并命名为第五级领导者。还用财务数据展现了第五级领导者取得的优秀业绩。

这个观点深深地吸引了我。

我在想，“既谦逊又有雄心，这可能吗？把他人与公司放在首位，先于个人利益，这意味着什么？为什么会取得优秀的业绩呢？”

柯林斯的书销量超过了250万册。但这些结论会改变你管理团队的方式吗？

## 机会来了……

2007年，我找到机会与7位才华横溢的同事（派派思管理层）在实践中检验了公仆式领导方式。

我们做了一个大胆的决定，要为大家提供周到的服务，同时达成公司伟大的目标。然后，我们设定了一个目标以及规范我们管理方式的一系列原则。

我们希望证明，正如《领导的艺术》（*Leadership Is an Art*）、《企业的灵魂》（*The Soul of the Firm*）和《友爱的企业》（*Firms of Endearment*）等书中所写的那样，谦逊服务的管理方式能够带来优异的业绩。

当时派派思还是一家处于水深火热之中的连锁餐饮公司，长期营业额下滑、连年亏损。正是“扭亏为盈”的绝佳机会。管理层频繁更替，首席执行官7年里就换了4个。

这7年间，餐厅客流量下滑，同店营业售额年年为负。餐厅平均营业额与利润都跌到了危险水平。新店全部赤字。公司和特许经营商关系紧张。股价方面，峰值是2002年的34美元，而在我加入公司的当天，已经跌至13美元。

要做大型的领导力试验，还有比这更好的时机吗？万一我们能证明宏伟的目标和无私地服务他人能带来优秀的业绩呢？万一目标和那一系列原则能引导我们取得行业领先的成就呢？万一我们在受严密监管的上市公司环境中出此奇招，赢得了那些冷酷无情、投机倒把的华尔街投资人的注意呢？

再看今天，派派思已经持续六年增长。餐厅平均营业额上涨了25个百分点。

市场占有率从14%增长到21%。按实际货币价值计算，派派思的盈利能力升至40%，同时餐厅边际利润率从18%涨至22%。

我们餐厅的特许经营商们因为这样的成绩而欣喜不已，他们迅速整改了现有的餐厅，并且狂热地加开新店，他们的投资都能带来丰厚的回报。

当前的股价是40美元左右，六年里涨了450个百分点。

公司现在成了行业至宝，特许经营商、贷款机构和投资人的最爱，还是优秀业绩的商业分析案例。

派派思扭亏为盈的秘诀是什么？

我们勇于服务。

## 如何从本书获取最大收益

成长的过程中，我从爸爸那里学到了许多的管理经验。我的爸爸马克斯曾任美国国家半导体公司副总裁多年，主要负责亚洲地区的制造业务。

爸爸很会讲故事，他的故事总是富含深意，而且其中的大多数都是关于如何管理团队的。晚饭时他会说起白天工作中的事情，他的故事大多都是“寓言故事”，好让我们领会其中的管理经验。

一天晚上，爸爸在厨房里踱来踱去，明显心烦意乱的样子。我问他在烦恼什么。他告诉我，他明天要裁减制造厂的员工。

他说自己很讨厌这样。他所关心的人就要失业了，他们的家庭也会因此难过。故事的中心思想是：裁员是件令人恶心难受的事——轻易不要这么做。

我的父母养育了4个孩子，后来每个孩子都成了某家公司的首席执行官或总裁，行业各不相同。餐桌故事里蕴含的管理经验让我们受益匪浅。

同样，我也要分享我的管理故事了——包括我所看到的、想到的和学到的。我建议你也去发现这些故事的“寓意”，领会那些管理经验。在这些章节里，勇于服务的思维方式将帮助你思考自己今天的领导者角色，以及对于那些由于信任而托付由你引领的人们，什么才是影响和管理他们最好的方式。在此过程中，你要考虑自己想不想成为一个勇于服务的管理者。

世界期待着领导者的出现，他们能管理整个组织的人和资源并取得优秀的业绩。当你选择了谦逊地服务他人并勇敢地带领他们追求远大的目标时，团队将以他们最好的表现来回报你。而聚光灯也会照在整个组织的非凡成就之上。

希望你能成为一个勇于服务的领导者，引领他人成就卓越。愿你以后也能教别人做同样的事。

**谢丽尔·巴舍尔德**

**派派思路易思安那厨房公司**

**首席执行官**

第一部分

# 如何成就卓越

我的领导者生涯并非一帆风顺。

2003年秋天，由于无法维持各家肯德基餐厅扭亏为赢的局面，我的上司建议我，是时候走了。换句话说，我被炒鱿鱼了。

没有什么事情比失去工作更发人深省了。我开始怀疑自己。这应该是我事业巅峰期呀——我站在聚光灯下的日子。

也许那正是问题所在。聚光灯下，并不是我应该待的地方。

做过几次咨询项目以后，我决定到董事会工作，“退休”了。然后，我得幸进入了真值五金连锁和AFC食品集团（派派思的母公司）的董事会。

2007年春天，派派思的首席执行官离职了。招聘委员会审查了几位候选人之后，董事会建议我担任新任首席执行官，管理公司。

现在回头看，这真是赶巧了。上一次作为领导者时，我失败了。如今，我得到了一次赎罪的机会：管理派派思团队。

我得到了一次机会，走出聚光灯外，引领大家追求远大的目标；服务于他们，为成就卓越营造环境。

派派思的成果令人瞩目。

我只遗憾，当年没能更早地谦逊下来。

一

# 我们要服务谁？

一切从想服务、想先服务的自然情感开始。

罗伯特·K. 格林利夫 (Robert K. Greenleaf)
《服务型领导者》( *The Servant as Leader* )

我是一个绝对的乐观主义者，想法总是积极乐观的。

小时候，妈妈叫我们兄弟姐妹起床时，总是把音响里的音乐声音开大，然后说："早上好！今天是美好的一天，该起床啦。"我们完全没有消极的机会，每天都是美好的一天。

我把这个传统延续到了我和孩子身上。他们的童年箴言是"心态决定高度"。我对孩子们这么说时，他们还只会做鬼脸，但这句话已经铭刻在他们心中。你决定以什么样的心态对待这一天，就决定了你的这一天会怎么样。

管理一个工作团队也是如此——心态决定高度。

我加入派派思时，这个公司的心态亟须调整。问题在哪？大家都觉得管理岗位上的人是“讨厌鬼”。

特许经营商们“麻烦多多”。餐厅团队“表现差劲”。顾客“无法取悦”。董事会“吹毛求疵”。投资人“不站在我们这边”。

改变公司业绩的第一步是什么？把你的管理对象往好的方向想。你的心态决定了你们业绩的高度。

---

反思 1：你如何看待自己的管理对象？他们是“讨厌鬼”还是成就团队优秀业绩时不可或缺的一分子？

---

## 当时形势

派派思2007年的业绩可谓是跌到了谷底。我们所有的数据都不好看。营业额下降。顾客满意度史上最差。餐厅的总利润额和利润率都大跌。公司士气低落。低迷的业绩让特许经营商们抓狂、“反感和厌倦”。投资人对股价失望，急需一个说法。董事会早已厌倦那些无法兑现的承诺。

接下来的一年，经济大环境仍将持续低迷。雷曼兄弟即将退出历史舞台。股市会崩盘。美国经济急剧衰退，导致全球经济不景气。时势并不好。

派派思想要扭亏为盈基本没有胜算。

什么样的管理方式才能带来成功?

## 不像他们

想象一下，派派思管理层8人，挤在亚特兰大巴克海特俱乐部的一间小会议室里。当天的任务是什么？做一个理智的决定：我们要如何带领派派思取得成功。

我们以列出自己仰慕的最佳管理人的各种特质作为开场。但有意思的是，谈话很快就转到了我们需要避免的特质上，即那些我们遇到过的最差劲的管理人的各种特质。

我们在白板上列出了像自私、傲慢和居高临下这样的词。

不知不觉中，我们开始给对方讲述自己恼火上司的故事。谈话变成了一个“谁更难搞？”的竞赛。

那是我们管理派派思的一个转折点。

我们的第一个决定就是——不要像“他们”那样管理团队。

然后，我们开始讨论自己最喜欢的管理理念。其中一个人提到了一本对他的人生产生了很大影响的书，马克斯·德普利（Max De Pree）的《领导的艺术》（*Leadership Is an Art*）。那本书于1989年出版，作者是当时赫曼米勒公司（Herman Miller）的首席执行官，书中提出了一个新颖的概念——领导者是他所管理的团队和组织的仆人。当领导者营造出让追随者茁壮成长的环境时，业绩就能蒸蒸日上。

其他人也提到了自己喜爱的书，它们的作者有派屈克·蓝奇欧尼（Patrick Lencioni）、史蒂芬·柯维（Stephen Covey）、吉姆·柯林斯（Jim Collins）等等。然后，讨论的主题出现了。我们希望成为那种能把托付给我们的人、品牌、组织都服务周全的领导。我们不想沦为自己见到的那些以自我为中心的领导。我们的理念是，为大家提供周全的服务就能带来优秀的业绩。

管理层里的某个人说，“我知道这种管理方式的名字，给我一分钟，我上网查一查”。他是当时唯一一个用苹果手机的人。很快他就有了答案。一位名叫罗伯特·格林利夫的作者介绍过一种管理方式，公仆式领导，是指不计较个人利益，为他人提供周全的服务。

就是它！

无私无我，服务他人。

我们很快就达成了一致，这种公仆式领导就是我们即将采用的方式。

> 反思 2：想想以前恼火的上司们。你有没有下定决心，不像“他们”那样管理团队？

但还有另外一件事情。由于我们相信公仆式领导能带来优秀的业绩，因此，公司业绩就成了判断我们的服务是否周全的依据。

在那天离开会议室之前，我们起草了派派思的目标，以及指导我们日后管理派派思团队的一些原则。

我们的目标是：激励勇于服务的领导者，取得优秀的业绩。

我们的原则是：为他人提供周全服务，取得优秀业绩有六大行为要素——激情、聆听、规划、教导、负责、谦逊。

那天，我们做了一个决定：服务他人。

勇于服务的领导者始于有意识地选择自己的态度与领导方式。

- 选择乐观地看待自己的管理对象。

· 决定成为一位无私服务的领导者。

把自己从聚光灯下拉出来，将个人重心和精力转移到服务他人上，这既需要勇气又需要谦逊。然而这正是你营造环境，成就卓越的方式。

## 诸多选择

如果我们要在派派思做好服务工作——那么我们服务的对象是谁呢？

我们在会议室的白板上列出了所有潜在的对象：顾客、股东、特许经营商、团队成员、董事会、监管机构、会计事务所。还有谁被漏掉了？

有人说，“难道我们不是必须服务这里列出的所有人吗？”

唔……也有道理。我们来逐一分析一下。

对于餐厅来说，终极目标就是要服务好顾客。毕竟顾客才是消费者——没有他们就没有生意。要是没有服务好他们，他们就再也不会来了。

我们是上市公司。股东们对公司都有注资，并且都期待着这份投资能为他们带来合理的（最好是可观的）回报。我们是他们雇的“管家”。没有他们的投资，公司就没有资金发展了。要是没有服务好他们，他们就会抛售公司股票，那么股价就会下跌，公司的资本与市值都会缩水。

派派思授权特许经营商使用公司的品牌和管理模式。特许经营商们贷款建造派派思餐厅，雇佣并培训餐厅员工，和其服务的社区和顾客建立关系。没有特许经营商，我们就无法全球连锁，是他们让派派思发展壮大。要是没有服务好他们，他们就会放弃这个品牌，卖掉或关闭餐厅，派派思就无法为顾客提供著名的路易斯安那美食了。

---

**反思 3：你所服务的对象里，谁最重要——股东、上司、顾客还是员工?**

---

派派思有6万余名员工，管理运作着全球超过2200家的餐厅。这些员工每天起床来上班、准备食物、服务顾客、清洁打扫、关闭门店。他们为顾客提供餐食与服务。要是没有服务好他们，他们就会跳槽去别的地方工作。没有他们，餐厅就做不成生意了。

在我们公司，可以服务的对象有很多；他们都很重要。我们是平等对待，还是选择其中一方作为重点服务对象呢？

## 我们的选择

在派派思，我们选择“把特许经营商服务周全”作为第一要务。

我们在特许经营中主要通过两个基本方式挣钱：按餐厅营业额收取特许权使用费，以及新店开设时收取加盟费。这些资金为公司的基础设施建设提供支持，使我们得以履行特许经营合同中的义务：包括品牌营销、产品创新、系统管理、质量保障以及其他。

我们与特许经营商签订的是长期合同——通常是20年期，可续签。因此，我们与那些贷款设立餐厅、雇佣员工服务顾客的特许经营商是长期合作的关系。“重活”都是他们在干。

在审视服务对象的名单时，我们认为特许经营商值得立即给予关注。他们投入了可观的资源并且按照合同约定经营我们的品牌。要是他们做得不好，派派思的营业额就不会增加（特许权使用费减少），加盟费也不会上升（没有新开店面）。因此，派派思的成败与特许经营商们休戚相关。

在我们这一行，这样的决定并不罕见。授权公司与特许经营商的冲突就没有停过——不论是就合同条款、商业战略、餐厅设计、促销定价，还是餐品价格，都能争论一番。如果冲突激化，诉讼的威胁很快就会随之而来。

我1995年加入达美乐（Domino）比萨时，达美乐公司就被特许经营商们集体起诉了。而我2001年2月加入肯德基时，又了解到肯德基公司与其特许经营商的冲突由来已久，到1996年才通过谈判调停。我在餐饮行业工作的这么多年里，媒体报道过各种知名品牌公司与其特许经营商之间的冲突，像汉堡王（Burger King）、奎兹诺斯（Quiznos）等等。

有意思的是，没有一家公司能在妥善解决自己与特许经营商之间冲突之前做到高效运营的，它们的销售与利润业绩并不好看。内部冲突严重的特许经营系统，业绩都不好。这是肯定的。话虽如此，改善特许授权公司与特许经营商之间的关系可不是一蹴而就的事。

因此我们问了自己几个问题。

要是我们勇于采取和同行不一样的做法呢？要是我们勇于把特许经营商服务周全呢？

那会是什么样子？

我们要与特许经营商紧密合作，做出几项能提高业绩的重要举措。一旦双方能就正确的计划达成一致，特许经营商就会在餐厅推进执行。如果计划能在餐厅推行得当，业绩就会上升。营业额和利润提高以后，特许经营商就会开更多的餐厅。而增加的新餐厅就能为股东创造更大的价值。

这个有戏。

派派思特许经营商的成功既是我们成功的起点，也是我们成功的目的地。

## 喜欢你所带领的人

这是一个很难回答的问题。你喜欢自己决意要服务的人吗？

喜欢他们，这对你的管理工作有帮助。

派派思的管理层里有一个人是这么说的：“如果你身为授权公司的一员，就得喜欢你的特许经营商。”

要喜欢特许经营商，你就必须喜欢企业家。企业家都富有激情，敢于冒险，他们向未来投资，志向高远。企业家绝对没有公司的官僚气息，他们没时间搭理那些MBA毕业生，或昂贵且想法轻率的顾问。如果你生意上最重要的人是企业家怎么办？那就必须要喜欢他们。

再说了，我真想不出来为什么会有人不喜欢特许经营商。我对他们是有偏爱的。我相信民主资本主义为企业家们创造了投资和发展小生意的条件。企业家们在追求自己的梦想，而做点小生意就是他们实现梦想的方式。在美国，我们称之为“美国梦”。人们就是为了有机会成就自己的事业才到这个国家来的。

我们有幸在派派思服务的正是这种人。特许经营商们决意冒着风险，投资人、财、物力来建设和经营派派思餐厅。他们都是有着了不起故事的了不起的人。

下面是公司里我所喜爱的众多特许经营商中的几个例子。

拉尔·休坦萨达是纽约市的一位派派思特许经营商。拉尔是阿富汗移民。他的第一份工作在哈莱姆区的一家炸鸡店。后来他终于攒够钱买下那家店，成了一位派派思特许经营商。如今，拉尔已经拥有十几家以最高标准经营的餐厅了。他的店长们得过许多的派派思大奖。我特别欣赏拉尔的一点是他现在把孩子们送进了大学，跟随自己脚步去经营这摊非常成功的家族餐厅生意。

麦克·威尔伯恩在亚特兰大哈兹菲尔德–杰克逊国际机场经营着三家派派思餐厅。其中的两家是我们特许经营系统中营业额最高的。麦克的员工如服务上帝般服务着顾客。你经常能听见餐厅经理伊迪丝说：“亲爱的，你今天状况不错呀，晚餐想吃点什么？”我很喜欢麦克团队为顾客带来的这种温暖而积极的能量。他们就是卓越服务的标杆。

约翰·布罗德森在密尔沃基、芝加哥、底特律和波多黎各经营着派派思城市餐厅。一开始，他在他爸爸买下的派派思餐厅工作，那家餐厅位于芝加哥，经营状况不佳。慢慢地，约翰组建了一支才华横溢的餐厅管理层，他们长期位列于经营系统的嘉奖名单之中。最近，约翰回芝加哥找到了他一开始工作过的那家派派思餐厅，然后买下了它。我欣赏约翰能投资于城市社区，为许多人提供了就业机会。

哈利·史坦福在法律界和德克萨斯石油行业大获成功后进军餐饮业。如今他的公司拥有并很好地经营着十几家派派思餐厅。哈利虽然已经75岁高龄，但仍是我们最具前瞻性的企业家之一，他不断地在休斯敦地区投资房地产并扩大派派思经营网。我欣赏哈利一直以正直的心引领众人，花时间在派派思系统里担任领导职务，每年管理一个新的委员会。

阿明·达纳尼出身于一个移民企业家家庭，是家中的第六个儿子。如今他们家族是汉堡王最大的经营商之一，在派派思也一样。他们是我们系统里最大胆，扩张最快的经营商之一，在美国许多个州都拥有并经营着派派思餐厅。我欣赏阿明的远大志向，他想以最快的速度让派派思开遍全国。

吉尔莫·佩拉雷斯在俄克拉荷马州、德克萨斯州和佛罗里达州都有派派思餐厅。他是美国最大的西班牙裔特许经营商，除了派派思以外，他还经营多种零售生意。当吉尔莫看到派派思的业绩扭亏为盈之后，他决定成为我们扩张最快的经营商之一。我欣赏他的一点在于他愿意为派派思的未来投资。

丹尼·吉利兰的派派思餐厅在阿肯色州小石城。丹尼喜欢餐厅的运营设备，而他的妻子琳达则喜欢培训餐厅团队。丹尼两口子自愿测试了我们团队开发的每一件餐厅设备和新的培训流程。我欣赏丹尼和琳达，他们不知厌倦地调试着这些发明，而他们的热情付出帮助我们做出了更好的系统决策。

纳雷格·阿米里安是子承父业的第二代派派思特许经营商，他的父亲鲍伯肯·阿米里安是一位伊朗移民，生意做得非常成功。纳雷格把经营家庭生意的经验与加州大学洛杉矶分校安德森管理学院MBA的教育背景相结合，在拉斯维加斯和洛杉矶经营着派派思餐厅。我欣赏纳雷格，因为他勇敢地继承了家族生意。

故事讲到这里必须告一段落了，我要对所有没有提及的派派思特许供应商道歉。要知道，我也爱你们！

---

反思 4：在你的管理对象的身上，有哪些你喜欢的特质？

---

派派思有超过300位特许经营商，全部我都非常喜爱。

他们勤劳勇敢、担着风险经营派派思餐厅，为我们的顾客提供周到的服务。他们使人振奋，令人钦佩。他们值得被爱，值得服务。

## 服务之难

如果你选择成为一名勇于服务的领导者，那么就得克服一个非常大的障碍。

你自己。

要把别人服务好这件事，说着是很容易的，但想在日常生活中践行可就难多了。

人们很少公开地讨论这个话题，承认为自己服务的这种管理方式貌似并不光彩。而事实上你根本就不会听到有人这么说。

有趣的是，很多追随者曾告诉我，他们的管理很自私。其实不管你是否意识得到，大家都对你的动机了如指掌。

如果你的决策是为了让自己体面，大家会知道。如果你醉心仕途，大家会知道。如果你想多捞点钱好买个新房子，大家会知道。他们通过你的行为而不是言辞来认清你的动机。

事实伤人。我也不例外，我也有罪。你呢？

## 对你有什么好处？

即便是那些说想成为公仆式领导的人也会心存疑虑——这对我有什么好处？我要怎样才能受益？

你考虑这个问题并没有什么错。你只不过同所有人一样，先考虑自己而已。所以，在我们继续往前走之前，需要先解决这个问题。

成为勇于服务的领导者对你来说有五大益处。

**益处一：大家会把你需要知道的事情告诉你。**以自我为中心的领导者不会花时间了解他的团队成员。如果大家不了解你，就不会告诉你组织里正在发生什么事。这样你就错过决策中必须了解的关键事实。周全地服务他人要求你必须花时间好好地认识大家。

**益处二：人们更有可能遵从你的伟大愿景。**作为一名领导者，你需要为组织创造一个愿景。这件事毋庸置疑。而你并不是亲手实现这个愿景的人；你需要一群追随者信仰你的愿景并且有动力去完成它。他们要先知道你把他们的最大利益放在心中，才能动力十足。周全地服务他人需要你在管理一个团队时，把每一位成员的利益考虑在内。

**益处三：不需要你提醒，大家就会预先把你想要的事情做好。**自我为中心的领导者总是包揽一切决定权，导致人们患上

“领袖依赖症”，即追随者缺乏主观能动性，只等着领导来吩咐要做什么。除非你一再跟进，不然他们能不干就不干。周全地服务他人，要求你放权给团队、让他们做决策、让他们来发挥能量。

**益处四：人们会有更好的表现。**以自我为中心的领导者营造的工作环境让人紧张不安，承担风险和增长技能看起来都不会有什么好处。这种环境被威胁和恐惧支配，匮乏心态盛行。当工作只是为了满足这个领导个人的野心，就没有拿出最好表现的动力了。反之，如果你把大家服务好，就能营造出一个安全的环境，这样的环境关注个人的成长、晋升的机会以及共赢的乐趣，就能带来成功的结果。

**益处五：大家会为你警惕周遭并且保护你。**以自我为中心的领导者为个人诚信的缺失创造了条件。无法从团队中得到反馈的领导者可能变得过分自信、缺乏监督与制衡。他们管理团队的方针就会变成“对我个人事业有利者，即正确可做之事”。这种盲点导致领导者无法忽视自己的利益，做出有利于大家和组织的、真正正确的决策。而为他人提供周全服务的领导会发现，大家都在保护你，支持你。

## 拦路的思维陷阱有哪些?

如果你和你的团队致力于成为勇于服务的领导者，那么某些思维通常会成为你们的阻碍。下面是我们在派派思经历过的一些思维陷阱。

**思维陷阱1：“但我是对的呀。”**如果人们不同意你的观点，你很难保持那种要服务他们的心态。你第一反应会想，“我是对的，他们才是错的。”

在做管理的经历中，特别是在特许经营业务领域，这都是常有的事——双方意见不同，但又必须共同努力，推进业务发展。我们都知道，作为连锁餐厅，保持步调一致总是比各自为政来得强。然而，不能与特许经营商取得同识的时候总是让人沮丧，特别是明明我们对的情况下。我们缺乏耐心的“自我”恨不得能“独自”决策。这也许更有效，却不能很好地服务特许经营商。

在我们管理经营派派思的7年间，这种情况发生过很多次。我们提出的商业计划很好，但执行起来的结果却不怎么好。因为特许经营商并不赞同。我们会放慢步伐，舍弃骄傲，把维护我们与特许经营商的关系放在对错之前。短期之内我们可能动力不足，但取得共识会让我们的计划在市场上得到有力的推进。有时候，想快就得先慢下来。

**思维陷阱2：“这些追随者是怎么回事？”**领导者遇到的最大挑战之一就是要保证追随者们能一路同行。你需要不断地说服、再说服他们，非常累。你会疑惑：为什么他们不理解这个伟大的愿景？为什么他们看不见眼前的机会？

说服三百多位派派思特许经营商同意某个决策是件恼火的事情。进展不顺时，你就会问自己“这些人怎么回事？”特许经营合同规定公司有权做某些决定——我们可以简单地告诉他们，“这是合同规定。”

这很诱人，却不是服务的心态和做法。我们要提醒自己，影响和说服别人最终会比用权威要求他们服从更有效。对于派派思来说，如果需要，我们可以搬出合同来——但是不到最后一步，我们决不轻易使用它。

在这种情形下，其中一种有效的自我控制方法就是——当其中的一位资深领导人在说服特许经营商的过程中“筋疲力尽”时，我们会让另一人接手，他的精力更充沛，对待事情也会更客观。这让我们的领导者得以休息，有机会恢复积极的能量，替补的人也能引导决策完成。

特许经营商很喜欢我们团队的这种做法。这让他们相信，即使我们团队中有人疲倦了，也总会有人陪他们留在会议室里，听取他们的意见。事实上，经过7年的实践，我们的特许经营商如今在无法达成一致时，经常会主动要求由另一个领导者来参与了。

**思维陷阱3："但愿能得到他们的信任。"**谁都知道信任是高绩效团队的必备要素，但要建立信任实属不易。即便建立起来了，也有可能瞬间崩塌。为什么信任这么难？

史蒂芬·柯维说过，人人都有一个情感银行账户：如果长期积极续存，就能建立起信任的关系；如果总是消极取用，信任关系就会受损。

一开始，我们以为这也适用于特许经营领域。我们的管理层付出了很多，在特许经营商的信任账户里进行了大量的积极存入。我们认为每次"共赢"都是一次存入，有助于建立高度互信的合作关系。可以说，光凭公司业绩一项，就足以建立起特许经营商与我们之间的强大信任了。

然而我们发现，授权公司与特许经营商之间的信任并不会累积。信任会因某次决策建立起来，但很少能延续到下一次。

刚开始意识到这一点时，我们非常气馁——这既不公平，也不合理。特许经营商总是反复提起公司以前做过的那些摧毁信任的决定——在公司43年的历史里，这样的决定有很多。这些记忆都是重量级的，无法磨灭。

因为没有得到应有的信任而伤心难过是一种自私的想法。因此我们建议大家都"成熟"一点。换句话说——我们要树立起信任的榜样并以身作则。派派思管理层内部相互之间信任度很高，这为我们成为高效能的领导者提供了高度互信的工作环境。

我已经发现与特许经营商共事和领养一个孩子之间的相似之处了。因为早年有过无法信任的经历，他们可能永远都不会信任你——但不妨碍你继续带领他们、爱他们、服务好他们。

## 我们服务谁？——结果

为了评估我们履行诺言、服务特许经营商的情况，每年夏天我们都会做一次调查，收集他们的反馈。以下表格是我们服务首要客户的成绩单。

该表格显示了5年间公司在关键指标上的表现。

**派派思特许经营商调查结果**

认为派派思好、很好或非常好的特许经营商比例

| | 2008 | 2013 | 变化 |
|---|---|---|---|
| 你认为派派思系统总体质量如何？ | 66 | 95 | +29 |
| 你会再次给派派思投资吗？ | 76 | 93 | +17 |
| 你会为其他潜在的经营商推荐派派思吗？ | 67 | 90 | +23 |
| 派派思与我维持了长期积极的关系。 | 66 | 91 | +25 |
| 派派思知道我的成功就是他们的成功。 | 76 | 91 | +15 |

过去5年间，派派思特许经营商的满意度得到了显著的提

升。每年1次的调查让我们认清了未来改进的方向。这也是我们履行诺言，把特许经营商服务好的一部分。

---

**反思 5：如何从服务对象处收集到有意义的反馈？**

---

## 决定服务

勇于服务的领导者的第一个决定是什么？是决定要把大家服务周全。

这个决定有很多好处——也许其中最重要的一条是：得到周全服务的人们更有可能为组织付出最大的努力。这样一来，你们就有很大可能取得优异的业绩了。

谨慎选择服务对象。

别赶上是谁就选谁。

我建议你一开始先着重服务某个特殊的群体。这样在决策时就能更有意识地把他们服务好，也更容易发现服务的难点并且调整服务的方式，更容易体会到由他们杰出表现所带来的效益。

派派思通过首先着重服务特许经营商，发现了服务他人的惊人效果。这次的成功让我们更加坚定地相信，把公司的所有成员都服务好是非常重要的——包括餐厅经理、员工、顾客、供应商、投资人、董事会。

勇于服务的管理思维就是要惠及所有人。

今天就召集你的团队，做出服务他人的决定吧。

# 二

## 何为大胆的目标？

勇者至柔，胆凭爱生。

贝亚德·约瑟夫·泰勒（Bayard Joseph Taylor，1825-1878）

我们家喜欢在吃晚饭时做词语辨析。这个习惯是由我结婚30多年的丈夫培养起来的。他特别在意词语有没有用对。最近的一次晚饭辨词会上，我们仔细研究了悖论（paradox）和矛盾（oxymoron）这两个词。

悖论这个词在《韦氏词典》里的意思是“由两个相反的事物组成，看似不可能却实际上确实或可能存在的情况”。这个词源于希腊语反论（paraoxon），意为“与想象的相反”。

矛盾则可理解为一种“浓缩版悖论”。按我的理解就是：

把两个看似相反的词放在一起用，比如说“无声警告”。矛盾这个词同样源于希腊语，它是两个希腊词的组合词，oxys是聪敏，而moros则是愚蠢。到底是聪敏还是愚钝？说到底，连矛盾这个词本身，都是矛盾的。

为了让这个晚饭游戏更有意思，我们分享了自己最喜欢的矛盾词：

Live recording（现场录影）

Mandatory option（强制选项）

Jumbo shrimp（珍宝虾）[1]

Paid volunteer（有偿志愿者）

Minor crisis（微小危机）

To keep my head in the game, I start thinking about business...（为了让自己不走神，我开始想生意上的事……）

Assistant supervisor（助理主管）

Friendly takeover（善意收购）

Limited guarantee（限额担保）

Working vacation（工作假期）

然后我的思绪就飘到了领导力上：

Daring Serving（大胆服务）

---

1 译者注：原意为特别大的小虾。

Seemingly contradictory—an oxymoron?（看起来是矛盾的——它是一个矛盾词吗？）

## 缺乏大胆的目标

在这次派派思扭亏为盈的过程前期，员工和公司都没有清晰的目标。员工们都尽心尽力，勤勉工作，但他们不知道前路在何方。你要是问员工们，企业未来5年会是什么样的，他们要么会告诉你“我不知道”，要么就说“我要是知道就好了”。

派派思那时仍在节节败退。团队很气馁，甚至可以说是愤怒。他们看不到任何好转的迹象，只是在苦苦支撑着。他们需要知道自己正在面对的是一场怎样的竞赛。不然怎么知道要如何准备呢？怎么知道自己是不是赢了呢？

派派思需要一个大胆的目标——对于员工如此，对于公司而言也一样。什么样的大胆目标才能激励派派思团队拿出高效能的表现来呢？我们要如何为组织构筑一个大胆的奋斗志向呢？

勇于服务的领导者会为了员工与公司树立大胆的目标。如果你对团队缺乏取得巨大成功的渴望，就不能为他们提供周全的服务。建议步骤如下：

- 用一个可信的商业案例提出那个大胆的目标。
- 专注于少数关键的步骤，必须攻克难点。
- 列出达成目标必需的各种资源，坚定你的信念。
- 营造良好的工作环境，让员工们取得最好的表现。
- 拿出衡量和公布进展的勇气。

## 树立大胆的目标

> “请你告诉我，我该走哪条路？”
>
> “这取决于你想去哪儿”，猫说。
>
> “随便去哪儿”，爱丽丝说。
>
> “那你走哪条路都可以”，猫答道。
>
> **刘易斯·卡洛尔（Lewis Carroll）**
> **《爱丽丝梦游仙境》**

我第一次见到派派思的特许经营商们是在佛罗里达州奥兰多举办的派派思国际特许经营大会上。会议上有特许经营商，以及为他们提供支持和管理的派派思的领导们。那是我上任以来第一次要带着讲词提示机和PPT站在大舞台上面对经营商。

现在回想起来，我当时该穿件防弹背心的。我乐观地告诉特许经营商，自己多么有幸能加入派派思。前方有一个巨大的机会正在等着我们，并同大家分享了几个理由。我那天最重要的一件事就是画了一幅蓝图——我们渴望一起达成的、一个大胆的目标。

我当时分享的愿景是：

有朝一日，派派思会再次成为美国快餐业中最热门的概念。我们的门店平均营业额会达到120万美元。我们会有让顾客满意的快速汽车餐厅。特许经营商会从餐厅经营利润中得到22%的红利。我们会建立更多的餐厅，为特许经营商带来更丰厚的经济回报。假以时日，我们就会达到目前连锁量的两倍。

我们对派派思的愿景是以一个分成四部分的计划来呈现的——我们称之为达标路线图。计划的四大支柱是：树立鲜明品牌，打造一流餐厅，提高餐厅收益，以及增设优质新店。路线图并不复杂，跟我们竞争对手的计划也没有很大不同——但这些词清晰地阐述了我们要成为一个蓬勃发展的连锁餐厅所需要做的事。

我们明确了派派思的未来规划。没有人会相信我们真的打算去达到这些目标。尽管如此，特许经营商也因我们有了大胆的目标和未来成功的愿景暂时平静了下来。

---

反思 6：你为团队和组织树立了怎样的大胆目标？保障团队达成目标的策略是什么？

---

## 达标路线图

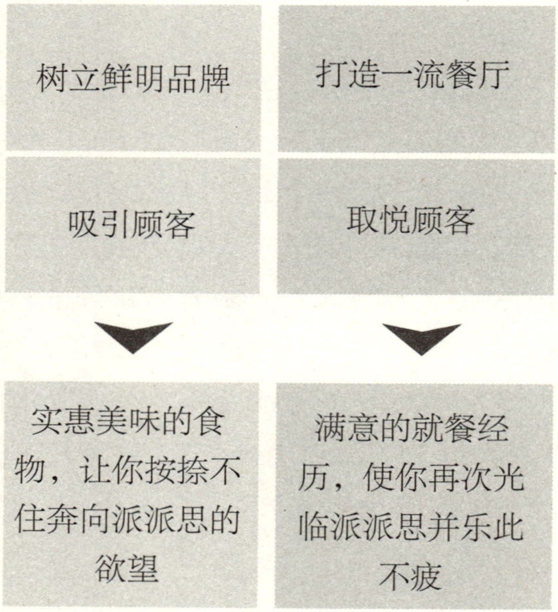

我的一个朋友说，带领团队就像带着家人去度假一样。在清楚自己是去哪里度假之前，他们都不确定自己应该带冬衣还是带泳装。

明确目标，好让团队准备好自己的行装。

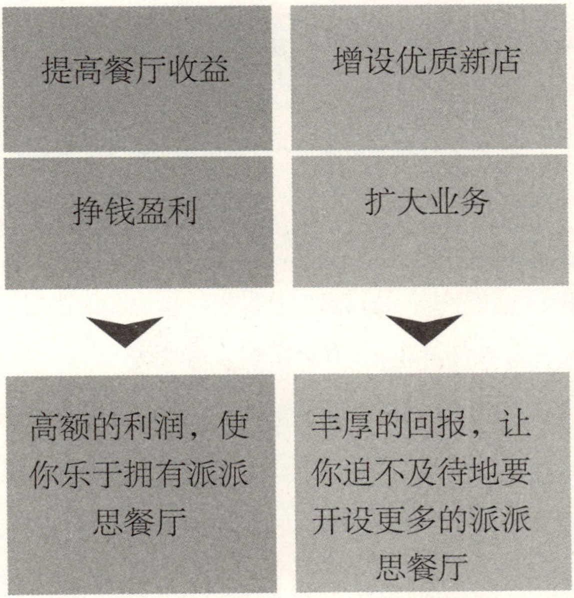

## 关注重要的极少数

> 人们认为，关注的意思就是对你想做的事情说“是”。其实不然，它的意思是对其他上百个好的想法说“不”。你必须仔细甄别。事实上我对那些我们没做的事情也很骄傲，就像我为做过的事情自豪一样。
>
> **史蒂夫·乔布斯（Steve Jobs）**
> **苹果全球开发者大会，1997年5月13日-16日**

与特许经营商们开完第一次全球大会以后，派派思管理层回到了亚特兰大的总部，召开了我们的首次内部会议。在特许经营商大会上我们提出了大胆的目标，而现在，我们团队就得弄明白怎样才能达到这个目标。换句话说，要做些具体的计划出来。

我们坚信一点：公司员工总是能分清什么是错的，哪里需要改正。所以我们第一步就是召集公司的高管们开了一个会，包括总监、副总裁以及派派思领导力小组。我们转移到附近的一个会议中心里，集中精力来确定哪些事情需要去做。

会议室里的同仁确定了我们品牌所面临的主要问题。

- 销量、客流量以及市场占有率都在下滑。
- 没有新产品开发渠道，不能吸引顾客来餐厅用餐。
- 缺乏全国性的媒体计划，不能向顾客介绍我们的美食。
- 我们没有吸引眼球的广告信息。
- 在连锁快餐排名里，我们的汽车餐厅服务速度是垫底的。
- 在顾客评级中，我们的餐品很好，但其余的都很糟糕。
- 餐厅很旧，又老土——急需改造。
- 特许经营商获利不多——而且有越来越少的趋势。
- 有新店开张，但状态不佳。

除此之外，其他的都还不错。

团队把派派思需要解决的首要问题总结出来之后，我把公司正在进行的项目列在了一个幻灯片上。总共有128项，公司也没闲着呀。

我在白板上写了这个公式：活动≠结果。

会议室都安静了。

当我问到，品牌所面临的这些问题都存在多长时间了？一位有经验的员工桑德拉举起手来说："我们每年异地会议时都会把这些问题写在墙上。"

听完她反馈的问题的严重性以后，我问她：“你愿意加入到解决这些问题的团队里来吗？”

她毫不迟疑地答道：“噢，愿意，我愿意！”

她当然愿意了。要是团队知道自己并没有在做能带来优异业绩的那几件关键的事时，他们怎么可能愿意并有动力为未来而努力呢？

勇于服务的管理者必须有勇气关注并解决组织面临的难题。如果我们带着团队做了一大堆事情，却不能改善组织的业绩，那就是没有服务好他们。反之，勇于在少数颠覆性的活动上下功夫，就能带来优异业绩。

## 为什么不纠正？

为什么领导者会不愿意克服那些挡在平庸和优异业绩之间的障碍？

- 担心失败？
- 缺乏想法？
- 担心资源？
- 缺乏勇气？

我不知道。但我知道，一个不愿意解决实际问题的领导者将会损害组织。如果团队并不着手解决实际问题，那么他们通常就会编造一些工作来证明自己的存在。他们知道自己的工作不会带来优异的业绩，会因为这一切没有结果的努力而沮丧。他们只会躲在自己的工位上等着下一轮的坏消息。

派派思当年就是这样的心态。要是继续这样下去，我们就完蛋了。

---

反思 7：要想让你的组织取得更好的业绩，必须要解决哪几项关键问题？

---

作为一位领导者，你会有追随者，他们会找出你的弱点，期待你有优点。为他们提供他们想要的吧——一个大胆而充满激情、能解决实际问题、做出成绩来的计划。

## 提供资源

没有资源配套，那就只是承诺与期待，不算计划。

彼特·德鲁克（Peter Drucker）
《德鲁克管理学》（*Drucker Management*）

你会把资金投入到你所说的地方去吗？这是追随者们对领导者提出的问题之一。不幸的是，人们往往只见领导者空谈大胆抱负，不提供任何资源就想坐等组织实现伟大愿景。

只在有领导者为达成大胆的目标提供充足的资源时，才能传达出实现目标的信念、决心和献身精神。在追随者们看来，这也许是对你领导力最重要的考验。

派派思的特许经营商就这个问题给我们上过永世难忘的一课。

管理层在芝加哥机场酒店会见了派派思国际特许经营协会选出的十位特许经营商代表（通称为PIFA委员会）。所有人都挤在一个糟糕的地下会议室里，我们打算请特许经营商们把我们的电视广告从100%区域投放改为100%全国有线频道投放。这是一个大胆且前所未有的提议。如果我们成功了，派派思广告信息的覆盖观众数量就能达到过去的两倍。

我们认为，全国性的广告是提高派派思品牌知名度并鼓励人们来我们餐厅就餐的最有效方式。而特许经营商们面临的问题是，我们准备让他们放弃当地推广费用中可支配的媒体费用，这以前属于他们利润中的一部分。

那个会议开场是专家发言，一位媒体大师分析了我们把电视宣传上的资金从地方媒体转移到国家媒体后，能达到怎样的效果。这位先生表明，派派思正处于转折期，当前就是转为全国性媒体宣传的最好时机。

我们原以为特许经营商们不会相信这个分析结果。但专家很有水平，他没有蒙骗听众，而是以事实为依据，围绕着派派思的最佳利益，深入浅出，逐渐赢得了特许经营商们的信任。

接下来，派派思品牌市场负责人提出了三条国内航线的想法（在接下来的12个月里投放9周广告）。这需要很多钱——大概1200万美元。这是我们过去全国一年传媒经费的总和。不管有没有效果，我们的经费都将全部用光，一分不剩。

其实我们也没多大把握——派派思以前在全国媒体宣传的结果也是毁誉参半。但特许经营商们似乎也明白，大家都正处于水深火热之中：我们的销售额已经长年下滑。要想让销售额再次增长起来，派派思需要采取大胆的行动。我们需要冒险。这些事实，企业家们心里都太清楚了。

品牌市场负责人发言完毕后，特许经营商们建议派派思管理层暂离会议室，以便他们内部讨论。谁都无法预测即将到来的是一场战争还是一次结盟。我们还没有合作很长时间，也没有共同取得过什么确切的成绩。如果能在这个想法上取得一致，那将会成为我们一起大胆迈出的第一步。

在酒店走廊里等待的时间，分秒如年。我们开始讨论，如果特许经营商们说“不”的话，要怎么做才能改变他们的想法。我们开始做B计划了。

终于他们把我们叫回了会议室，并说道：“你们对这次行动这么有信心，那我们就一起玩个大的！”然后，惊喜来了，“我们认为9周的广告计划并不够大胆。我们建议在接下来的16个月里，投放31周的全国广告。如果你们（派派思特许授权公司）愿意在广告经费上投入600万美元，我们就能说服派派思系统通过此事。你们觉得怎么样？”

这是一次考验。考验我们支撑这个想法的信念，还有对这个大胆想法的信心。

他们所提出的想法——让公司实体，特许授权方在广告经费上投入资金，这不管是在派派思还是任何地方都是闻所未闻的。

按照我们的商业模式，特许经营商们需要将他们总营业额的3—4%投入到派派思宣传中。公司是不会配套经费的。600万美元的广告经费对于派派思股东来说，是一笔短期内并不会有回报的投资，而且也会大大地拉低我们第一年的收入。

现在看来，我们那时胆子有多大？

管理层略带忐忑地把这个计划提交到了派派思董事会。当时的演讲很激昂，但项目却不见得稳操胜券。我们请求董事会与我们同担风险，批准这次大胆的投资，好让我们能向派派思系统证明自己的信念。

---

**反思 8：为了达成大胆的目标，你有没有争取到所需的资源？**

---

这次决定后来被证明是派派思真正的转折点。公司批准了那一大笔经费。而特许经营商们也履行了那个了不起的约定，改成了全国广告。一开始，计划的实施并不顺利。但是还好，接下来一年派派思餐厅的客流量实现了7年来的第一次增长。而且销售总额也增长了。

5年后，特许经营商们说，就是这一次决定把我们的品牌首次带入了业绩行业领先的轨道中。他们是对的。我们共同做出了一次大胆的决定——都承担了巨大的风险。我们把钱投到了自己说过的事情上，然后策略在市场上赢得了胜利。

## 引领团队发挥最佳潜能

大部分我们所谓的管理都在为人们的工作增加难度。

彼特·德鲁克（Peter Drucker）

勇于服务的领导者会营造出让团队成员发挥最佳潜能的工作环境。如果你的团队表现不佳，那么说出“我需要新的人手”这样的话很简单。坦白而言，那也是大多数领导者的做法——辞掉旧人，招募新人。

如果你去问员工，限制他们工作表现的因素是什么，答案通常都不是工作技能——而是领导者营造出来的工作环境。工作环境要么激发成员与团队锐意进取、大胆创新和追求卓越，要么限制他们的能力和产出。

这是领导者的任务：营造能产出卓越成果的工作环境。

派派思管理层确定了少数几项需要攻坚的难点之后，召集各级领导者展开了第二次外场研讨会。本次会议的目的是：在公司部门之间形成更有效的团队合作。

为了使我们明白团队合作如何推动业绩，一位顾问引导我们做了一个“游戏”。这是一次流水作业练习，各组要比赛组装一只名为“星舰”的折纸星星。

比赛分为三组。第二组在这个游戏里表现特别不好，在三轮比拼之后还未能交出一只通过质检的星舰。这时第一组和第三组都在嘲笑第二组的无能。于是第二组申请了一次15分钟的碰头会，重新组织他们的游戏策略。

第二组回来以后，他们在接下来的一轮中做出了36只星舰，而且100%通过了质检。这比其他两组的两倍产量还多。所有人都被第二组的表现惊呆了。人们由嘲笑转为了好奇。

我们让第二组介绍是什么改变了他们的表现。他们的成果是如何从可笑变成可敬的呢？他们说："在第一回合里，我们只是给大家随便分了一个活儿然后简单地告诉他们，快去做吧。然后我们发现了许多问题。技能缺口和工序不当导致产出遭遇瓶颈。我们之中有不会折纸的人在折纸，有不会上色的人在给星舰涂颜色，有人站在一边只看不动，有人做得不错却光顾着高兴没有去帮助别人。我们弄得一团糟。"

"你们在那15分钟里做了什么？"我问道。

"我们问了大家，认为自己最适合做哪件事——然后给他们安排了相应的工作。我们让有条理的人重新设计工序，让有艺术特长的人去上色，让最会折纸的人去折纸，让激情洋溢的人去鼓励大家，让守时的人控制时间。我们相互鼓励，定下了一个大胆的目标：打败另外两组。然后我们回到了会议室，做出了自己前所未有的最佳成绩。"

星舰练习揭示了几个带领团队取得好业绩的经验：

- 找出每位成员的优势，并给他们安排能发挥这些优势的角色
- 确定并填补团队中的技能缺口
- 尊重团队中的不同才能；每个人都有所贡献
- 建立成功必需的工作流程与环境
- 领导者单靠自己无法取得胜利——靠团队才能取得胜利

我们从这个高绩效的第二组吸取了教训，决定把这个作为派派思合作的新方法。我们针对达标路线图的每一条商业策略组建一个跨部门的团队，并将其命名为“星舰队”。

团队组成如下：每个团队有一个执行主管，由派派思管理层中的一人担任，只负责指导，团队可以从公司的任意部门选调他们所需的人才——事实上，我们要求团队成员应来自不同部门。每个团队要选出一个流程负责人，保证团队有工作计划、里程碑事件，以及可衡量的产出；此人称为项目管理员（PMO）。每位团队领导者都应接受培训，掌握如何以合作的方式，引导团队取得最佳业绩。

有意思的是，现实中的星舰队试验与外场研讨会中的星舰

游戏有着许多相同的结果。我们有一些团队初期表现不俗，成绩领先，但之后由于停步不前而不得不重组的。我们也有团队起步受挫，但在认识到自己的错误并改正后，追上并超越了其他的团队。我们还有稳定型的团队，开始并没有一鸣惊人，但随着团队共同成长，产出越来越好。

以下是4支高绩效星舰队的成果。

负责“树立鲜明品牌”的团队改造了新产品创新的流程。他们创新了一种研究方法，可以稳步提升新品在试销市场中的成功率。而且，他们还把一大批对优质餐品富有激情且最具创新精神的特许经营商纳入到团队中。在组建的第三年，这个团队做出的新餐品就取得了行业领先销量，派派思也因为推出了快餐店年度最具创意限时供应餐品而赢得了国家酒店新闻报菜谱大师奖。

负责“打造一流餐厅”的团队解决了派派思服务速度慢的问题。他们对一流竞争对手进行了调研，认识到我们需要新的设备、新的流程和重新培训我们的餐厅团队。团队建立了一种评估流程，便于大家看到整改结果。他们先是在一家餐厅做了初步测试，评估方案是否可行，然后便扩展到几个市场区域，制定执行细节。在他们带着新设备和重新培训过的餐厅团队在全国推行快速服务方案后，我们达到了服务速度目标：75%的餐厅汽车年平均通过时长不大于180秒。在此之前，我们的服务速度一直都被竞争对手甩到最后。两年之后，我们在一份行业领先的出版物中被称为“最关注服务速度提升的竞争对手”。

负责“提高餐厅收益”的团队在供应链中力求节约，以节约700万到1000万美元成本为目标——这大概是一个餐厅损益差额的一半。这个团队设置了一个流程，评估供应链中的每个节点。他们更新了产品规格与重新投标名录以获得更低的价格。他们就如何在不损害食物质量的同时节约成本咨询了不同的供应商，将价值的意见汇制成表。他们审核了配送中心和采购流程，确保找到并修正了所有差错。第三年年底时，该团队为我们的餐厅节省了400多万美元，平均为每个餐厅的损益差额增加了两个点。

负责“增设优质新店”的团队目标最为艰巨——成为行业领先的新店建造者，为投资的经营商们取得高客流量及客额回报。这个团队一开始是很难成功的，因为其他三个团队必须要先提高我们现有餐厅的业绩，好让特许经营商们乐意去开设新的餐厅。

这个团队如常言所说的“专注于自己可控的事情”。他们购置了新店选址软件，这款软件随即帮助餐厅老板找到了更好的地段，开业就有火爆销量。这就几乎消除了鸡肋业务，终结了新店高倒闭率的现象。

在预测软件的帮助下，团队确定了坐拥最佳商机的前11名地理位置，从而把餐厅老板和资源引导到最好的地方去。他们重新设计了我们向企业家们“出售”新开店机会的文件资料——突出了投资新店将会带来的丰厚回报。2014年，派派思是全美开设快速汽车餐厅第二多的连锁企业，仅次于麦当劳。

---

**反思 9：为了营造出能引导团队产出最佳业绩的工作环境，你都做了哪些事？**

---

并不是每个团队都像这4支一样成功。我们有3支团队差点都达不到目标或是基于新的认识延期了。这不算遗憾，也不是失败。这种新颖的工作方式提供了一种令人兴奋和专注的工作环境，在这种环境中，全公司的人都能贡献自己的技能，帮助公司取得优异的业绩。它营造了一种氛围，鼓励大家提出新的解决方案，提高业绩。

这种新的工作方式还有一个意外的好处。它会为公司带来一批高绩效的新领导者。公司现在有了更多的机会，能让我们的领导者们发挥所长，提高能力。我们的团队囊括了更多的领导者。而且，对领导者们的认识更清晰了——我们能同时观察到他们的素质与性格特征。许多我们在此过程中“发掘”出来的领导者都已经被提升到更大的责任岗位上了。

这种更好的工作环境能刺激大家成长并发挥自己的最佳表现。它会让业绩更上一层楼。

## 衡量进展的勇气

不丈量，不进步。

**派派思箴言**

我初到派派思时，支持决策的信息简直匮乏到了惊人的地步。从本质上来讲，我们追踪销售额数据，只是因为那是从特许经营商处收取授权费的依据而已。我们也有强大的审计流程，提供上市公司报告。除此之外，我们对自己生意的关键指标一无所知。

对此，我们与特许经营商们进行了多次热烈的讨论。但其实没有一次讨论是基于事实的。

我们讨论过餐厅服务速度如我们想象中一样慢。我们争论过餐厅利润还能不能提高。我们讨论过市场活动是成功了还是失败了。

没有数据，事实也得不到佐证。更惨的是，我们每个人都会躲在自己认为的真相后面。

管理层决定，要搜集决策支持和衡量进展所需的数据。我们不知道数据会是什么样子的。情况也许比我们想象中的要好，也可能坏得多。如果我们想服务好大家，就得清楚自己的情况。这需要勇气，因为事实不会撒谎。

我们继续追踪销售数据，然而增加了新的指标，市场份额，即我们的销量占炸鸡快餐店总销量的百分比。市场份额是一个重要的补充，因为它能告诉我们在竞争中是排名上升了，还是下降了。

我们决定引进设备，测量汽车窗口的服务速度，并且开始收集每周每个餐厅的平均服务速度。

我们设计并使用了史上第一款顾客体验调查——顾客可以通过这个调查告诉我们，我们表现如何。在6个月之内，我们就拿到了系统里所有餐厅的顾客反馈。

我们最缺乏的是餐厅营业利润方面的数据。我们只有几十家公司直营餐厅的数据，而完全没有特许经营餐厅的数据。在我们开始收集特许经营餐厅的损益表时，它们的形式各有不同——有从电脑下载的、有Excel表、甚至还有手填的表格。我们招了一个刚毕业的大学生，好不容易才把所有文件看完，整理出数据，然后做成了我们可以分析的汇总表。两年后，我们终于有了一套有意义的数据，可以追踪利润走势，进行业务决策分析了。这是我们克服的最大的障碍。我们不能和特许经营商一样，只用餐厅营业利润来衡量公司的业绩。

然后，我们开始收集新店的业绩数据，追踪投资的回报情况。我们购置的预测软件辅助企业家们找到更好的地段，减少了新店的失败率。财务跟踪数据证实，这些新店现在得到了更高的回报。

---

**反思 10：在你的组织里，衡量进展的指标和里程碑事件都有哪些？你的决策是基于数据的吗？**

---

我们收集新数据的勇气最大地体现在了我们决定向员工、特许经营商、董事会和股东们公开汇报这些数据。我们实现了自己的承诺，不管结果好坏，一律分享。

建立这些业绩衡量新指标的重要性何在？

- 数字不会说谎。一旦你弄清了事实真相，就开始改进了。
- 数字不会说谎。数字让你对实实在在的进步负责。

· 数字不会说谎。数字能激励你制定行动方案，达成目标。

注意：只有在你准备基于衡量结果采用行动的情况下，衡量指标才是有用的。我们在派派思形成了习惯，定期看数据，不达标就调整计划。

这听起来相当基础。然而，衡量进展、报告结果和根据反馈调整行动对于提高派派思业绩而言，都是必不可少的。衡量指标让团队为进度负责。管理团队的人要勇敢地衡量业绩数据，要敢于负责。这种负责任的态度提高了取得优异业绩的可能性。

## 目标的合理性

在设立大胆的目标时，要小心提防的潜在的思想错误之一，就是目标的合理性。你为团队定下的目标，一方面要有所挑战，激励他们成长提高，另一方面则必须要能达到。

派派思进行未来规划的方法之一就是认真调研我们最好的竞争对手。他们达到了怎样的销售和利润水平？一流的顾客满意度有多高？什么样的餐厅营业利润是高于平均且可以达到的？

这是一个不可或缺的过程，它对我们的目标提出了挑战，确保它们可以达成。如果目标不切实际，绝无可能达到，团队就不会相信它。在能证明这个目标可行的证据出现之前，他们都不会拿出自己最好的表现来。然而，他们只有了解这个大胆计划背后的商业案例之后，才会认为成功是可能的。

你的团队需要清晰地认识到你对大胆定目标的定义——笃实可信的商业案例，这让他们有信心继续下去。

## 大胆的目标是什么？——优异的业绩

当我们刚在派派思提出大胆的目标时，其实并不知道是否会顺利达成。现在回头看，成果实在让人惊叹。在我们的带领下，公司的市场份额和销售额连续五年增长。汽车餐厅的服务速度更快了。现在的餐厅利润和新店回报率在整个行业都是最高的。

在同样的时间里，没有别的炸鸡快餐店取得了类似的成绩。我们之前的竞争对手遭受了销量、餐厅利润和全美门店数量的急剧下跌。

2013年，我们达到了自己在2007年时设定的大胆目标。派派思特许经营商对于这样的业绩非常满意。餐厅业绩的上升让他们对派派思的未来充满信心。因此，特许经营商们就会选择对这样的未来投资，整改已有的门店，快速开设新的餐厅。

**派派思业绩指标**

餐厅平均业绩

| | 2008 | 2013 | 结果 |
|---|---|---|---|
| 餐厅销售额（百万美元） | 1.0 | 1.25 | 超出目标 |
| 炸鸡快餐市场份额（%） | 14 | 21 | 超出目标 |
| 汽车餐厅服务速度（秒） | 225+ | 180 | 达到目标 |
| 餐厅营业利润（%） | 18 | 22 | 达到目标 |
| 新店投资回报率（%） | <10 | ≈25 | 达到目标 |

## 勇气与服务同行

勇于服务的领导者会以大胆激昂的志向为他的追随者们提出挑战。树立大胆的目标不仅对于领导者本身有好处，更有益于整个团队和组织。

目标是一个醒目而关键的蓝图，附有具体的目标与行动计划。它重点关注某几个关键的事项，达成这些事项都会带来优异的业绩。它有评估指标和里程碑，可以衡量进展并向大家汇报。

勇于服务的领导者营造特殊的环境，在这种环境中，人们可以在追求大胆的目标同时成长，获得新的自信与有价值的技能。在实现目标的路上，人们会团结一致，形成高效的团队。这能为整个团队带来高绩效的表现和令人赞叹的成果，那是领导者一人无法达到的成就。

领导者勇敢而谦逊，以大胆的目标为大家提供了周全的服务。

# 三

## 为什么要从事这份工作?

我们中的大多数人……所做的工作太渺小，难以满足我们的灵魂。

斯特兹·特克尔（Studs Terkel）
《工作》（*Working*）

为什么工作的名声这么差？还是说，只有我的工作是这样的?

只要你在餐厅工作就会受到很多批评——特别当你是在“快餐店”里工作的时候。流行文化里对此有许多不好的说法，比如说“汉堡人”（译者注：即做汉堡的人，形象为一只长着人腿的汉堡）或“最低收入工人”。尽管1/10的美国人现在都在餐厅工作，1/3的美国人在餐厅找到了他们的第一份工作，50%的美国人会在职业生涯中的某些时期在餐厅工作过，但在餐厅工作仍然倍受鄙视。

这让我很抓狂。在餐饮行业，我认识很多了不起的人。他们的工作值得人们尊重。他们让大家吃饱饭。他们培训领导者。他们帮助孩子们上高中。他们给了人们第一次和第二次的工作机会。他们亲切地服务大家。他们教导团队成员。他们创造就业机会。他们慷慨地回报社会。他们做出了自己最大的努力，服务所在的社区和当地的居民。

我们能不能认可并欣赏餐厅员工们执着、有意义、有价值而且相当重要的工作呢？

有一次我在芝加哥拜访了一位表现出色的餐厅经理。她对自己的工作充满积极的能量，我问她“你喜欢这份工作的哪方面？”她笑着说，“谢丽尔，这是我最好的工作。我是老师、是辅导员、是社工、是母亲、是牧师、是财务顾问，还有很多身份。你看，在这个岗位上，我有机会影响刚起步的年轻人的生活。我帮助他们提高成绩考上大学。我教会他们工作技能，这样他们就能自食其力。要是他们没有朋友或家庭可以帮忙时，我可以帮助他们解决问题。在这个社区里，我简直找不到比这更重要的工作了。”对这位餐厅经理来说，工作是富有意义和价值的。

想一想：领导者有责任为组织里的工作赋予意义和价值。

这种意义和价值对于形成高效能组织是必不可少的。当人们相信自己的工作很重要时，就会做出不一样的贡献。他们起早贪黑地干活，给问题提出创造性的解决方案，提高自身能力，创造更高的价值；他们通力合作，保障团队的成功。他们的在职时间也会变得更长。

工作的意义和价值提高了团队的能量水平、坚持程度和业绩表现。

## 为什么工作有意义这么重要?

盖洛普组织每年都会公布一项名为“美国职场状态：给美国商业领袖参考的员工参与度洞察”的研究结果。2013年，这个报告指出，30%的美国职员在工作中参与度较高。当然，这就意味着有70%的人工作参与度低。“心不在焉”者是“全情投入”者的两倍还多。

盖洛普的研究进一步说到，员工参与度排前25%（前1/4）的公司，其产能、盈利能力、顾客评价都较高，且员工流失率较低。盖洛普估计，心不在焉的员工每年会让美国经济损失4500亿到5500亿美元。

自从2000年开始发布以来，我就一直在关注这项研究报告。统计结果并没有大的变化。我唯一能得出的结论是：领导者没什么进步。

盖洛普对于提高员工参与度的两个建议是什么？

- 选用正确的的人领导团队，辅佐团队，融入团队。
- 鼓励团队管理人与每位员工沟通，每位员工均有不同诉求。

盖洛普总结道："每次与员工的互动都有可能影响员工的参与度并激发其工作积极性。"

领导者要怎样提高员工参与度呢？帮助员工找到工作的意义和价值。否则员工只会拿着工资消磨时间，等待更好的机会。

## 我们的事业

为了让派派思扭亏为盈，我们应该明确公司事业的意义。管理层聚到一起，参考行业经验，回顾餐饮行业的价值和信念，思考了我们在培养管理人才方面该做些什么。

讨论以下述信念为出发点：

我们对本行业能提供的职业路线而感到自豪。我们的特许经营商中，很多人一开始都只是炸鸡厨师或前台服务员，而今已经成为拥有多家餐厅的成功企业家了。我们许多餐厅的总经理一开始都只是前台服务员，现在已经在管理整个餐厅的业务，年销售额超过120万美元。我们在这个行业里培养领导者，令人自豪。

派派思团队每天为顾客准备的食物品质，让我们感到很自豪。我们对自己提供的培训感到自豪，包括教导人们形成良好的工作习惯、掌握食品卫生技能、培养团队合作与解决问题的能力。我们因自己能以服务他人（包括餐厅老板、团队成员以及顾客）为工作而感到自豪。我们对自己能为全球发展中国家提供机会而感到自豪。我们在服务性行业工作——我们为此而自豪。

这场讨论让我们宣布了派派思的工作宗旨：激励勇于服务的领导者，取得优秀的业绩。

我们把勇于服务确定为自己的管理理念。这是有道理的。我们这一行就是要用美味的食物服务他人。那为什么不以同样有利的角度来管理公司呢？

简而言之，勇于服务的管理理念就是：把服务他人放在自己的利益之前。我们决定把大家服务好。

优秀的业绩是衡量我们服务效果的标尺。服务与业绩是成正比的。

派派思的宗旨是在2011年秋天确立的，那差不多已经是我们着手改变派派思的3年后了。为什么我们选择了这样的一个时间点?

那时派派思的情况正在稳步好转，我们已经在为公司定下的各种大胆目标上初尝胜果。我们为特许经营商们提供了很好的服务，但并不确定这种成功是否能延续下去。我们担心自己只是个“一波流”的管理层，共同努力几年，做了一些成果，然后就分道扬镳了。要怎么做才能带领组织走向可持续的成功呢?

虽然我们坚信自己所从事的工作是有意义的，但并不确定组织里的其他人是不是也与我们一样，有着共同的信念。也许这对我们是有意义的，但对他们“只是一份工作”。

我们分析了自己做得不错的方面，以及接下来要努力的方向。我们意识到自己还未向追随者们解释过，为什么我们的事业如此重要——为什么我们对派派思的未来抱有坚定的信念。整个组织都需要认同这种工作的意义。就在接下来的公司会议里，我们向团队发布了新确立的派派思宗旨:

激励勇于服务的领导者，取得优秀的业绩。

## 空有口号

大家都知道了派派思的宗旨。我们不得不花很多时间来解释什么叫勇于服务——帮助大家理解它，我们简言之就是先于自己服务他人的意思。除此之外，大家好像都能明白这个宗旨。他们认为这很棒。我不确定他们会后私底下是怎么说的，我想应该就是类似于，“看看这个宗旨能不能真的改变我们在派派思工作的方式”吧。

我们遇到了每家公司都会遇到的情况。宗旨看起来不错。少数人对此很兴奋并将其融入自己的日常工作中。但对于大多数人来说，那不过就是挂在墙上的标语而已。

挂在墙上的标语。积灰的标语。不能带来优秀业绩的标语。

派派思人并不是反对这样的宗旨，他们只是找不到共鸣。

我开始逐一或成组地征询公司里的领导者们。我说：“那条宗旨不过就是派派思的一块标语。挂在墙上，仅此而已。对我们的业绩而言，没有任何意义，也没带来任何影响。只有当派派思宗旨成为你们的宗旨时，它才有可能实现。”

光停留在标语层面，是不会有人去实现它的。标语本身并不能激励众人，让他们去服务别人、发挥潜能，取得优秀的业绩。标语没有这样的功能。只有人能做到。

## 寻找个人目标之旅

（工作）探寻……每天的意义与食粮。

**斯特兹·特克尔（*Studs Terkel*）**
**《工作》（*Working*）**

我们正在派派思做一个试验。现在还是初期，但看起来效果不错。我们让每位派派思团队成员找到自己的个人目标。这个试验是从一个叫“寻找个人目标之旅”的研讨会开始的。

主持人花了一天的时间，带着参会人员做了一系列练习，帮助他们找到自己的核心动力——即工资以外，让他们觉得工作有价值的存在。课程以回顾派派思的宗旨为开端：介绍什么叫勇于服务，以及为什么我们认为它是取得优秀业绩的最佳方式。

然后课程就开始进入了个人环节。

### 寻找个人目标之旅 练习1：人生轨迹

团队领导让成员们画一条时间线，列出生命中将其塑造成一名领导者的重要事件，标记出让他们形成如今工作或领导方式的三五个重大瞬间、事件或经历。

也许他们是家里排行中间或最小的孩子，而这个排行影响了他们的成长和目前的管理方式。

也许是他们人生中的一次创伤性事件——父母过世、疾病或意外事故，这次事件将他们带到了新的方向，不管是好是坏，但对他们的世界观和事业观造成了深远的影响。

也许是有特定的人在指导他们——老师、叔叔，第一份工作的上司，这些人教会了他们一些重要的事，他们愿意在自己的工作和管理方式中体现出来。

也许是他们早年遇到过难搞的工作或老板，改变了他们心目中的理想的领导者形象。

每一位参会者都要在自己的“人生轨迹”卡上填写3到5个重要的事件，然后和小组同伴分享自己的人生轨迹。在大多数这样的研讨会上，当参会者分享这些从根本上造就自己的生活经历时，言谈之间都充满了真挚的情感。

---

反思 11：你对自己的团队成员有多了解？你知道影响他们人生最大的三四件事吗？

---

**寻找个人目标之旅 练习2：厘清价值取向**

第二个环节是一个“卡牌游戏”，旨于帮助大家厘清自己在工作或管理团队时最优先最重要的价值和信念取向。在这个练习中，我们使用了约翰·麦斯威尔公司的一副卡牌，上面列了34条价值取向及其一句话解释。这副卡牌内含空白牌，以便参与者在已有卡牌中找不到自己最重要的那一项时，能够自行添加。

首先，大家要把对自己来说最重要的那10张卡牌选出来。然后在这10张卡牌中，选出对于工作而言最重要的3张。大家觉得这个过程真的很难。他们经常会问："只能选3个吗？"

主持人告诉他们，如果"家庭"或"信仰/宗教"在最重要的10张里，那么可以先放到一边。众所周知，这些都非常重要。但先放一边可以让大家专注于选出自己最希望在工作中体现出来的3种价值取向。

这个建议非常有效地把大家的关注点拉到了工作和管理团队的三大价值取向上。

这个练习为什么这么重要？我们都有价值取向、信仰和信念。但被问到时，很少有人能细数出自己最重要的是什么。大多数情况下，我们都只是泛泛而谈，说那些别人希望听到的东西。我们希望别人认为自己诚实、真诚、可信，以及大概其他30种品质。但到了真的去叩问内心时，我们发现自己在工作中其实没有特殊的价值取向，而只是简单地想做个好人，尽自己所能，做到最好。

作为一位领导者，了解团队成员的价值取向能帮助你理解他们的信念和动机。这种理解能让对话更加坦诚，减少冲突和误会。

---

**反思 12：如果你知道哪十样东西对于团队成员来说最为重要，你会怎样更加有效地带领他们？**

---

**寻找个人目标之旅 练习3：优势角色**

“寻找个人目标之旅”研讨会的第三个环节是发现、挖掘和欣赏每个人的天赋。在这个练习中，我们用到一个在线评估工具，是由作家及研究员马库斯·白金汉创造的“优势角色”（Standout）。这项评估能找出参与者天赋和技能最有优势的一到两个优势角色。评估报告让他们明白自己在工作中的最佳贡献方式，为人们发挥长处，形成优势提供了建议。

反思 13：大多数管理岗位上的人都能说出团队成员的不足所在。但你能说出自己团队成员的优势和天赋吗？你能让他们最大限度地发挥个人所长吗？

派派思认为，每一个人都是独特的，在工作上各有优势。如果团队成员不清楚自己的优势，而团队管理者也不知道他们的优势所在，就无法把他们放到一个能够取得成功的位置上。就如我常说的，“我先得了解你才能培养你”。

优势角色是一个人的超能力、能为团队贡献的最有效特质。我们让每一个人都去思考，自己的天赋对个人目标的实现有何帮助。我们希望他们拿出自己最强的实力，协助取得优异的业绩。

**寻找个人目标之旅 练习4：个人目标**

完成了生活经历、价值取向和优势角色这三个练习之后，我们带领团队成员进入了形成个人工作目标的过程。个人工作目标包括一到两句话，阐明自己每天来上班的动因以及自己将如何为组织带来正面的影响。

个人目标要回答这些问题：

我从过往的人生和工作经历中发现了这些关键的方面……

我最优先的三个价值取向是……

我的优势角色有……

就管理团队方面，我给自己定下的目标是……

我的目标能通过以下途径为公司提供服务……

能在研讨会结束前写出个人目标的人寥寥无几。大多数人希望让它先发酵几天、几个星期或几个月，来确保它真的是准确的——他们希望找到对自己工作和管理工作有决定意义的目标。这需要时间，也应该花点时间。它非常重要，不可操之过急。

---

**反思 14：如果你帮助团队成员发掘并追求他们的个人目标，会发生什么样的事情？他们对团队业绩能有怎样不同的贡献？**

---

## 个人宗旨

我从过往的人生和工作经历中发现了这些关键的方面：

- ______________________________
- ______________________________
- ______________________________

我最优先的三个价值取向：

- ______________________________
- ______________________________
- ______________________________

我的优势角色：

- ______________________________
- ______________________________
- ______________________________

就管理团队方面，我给自己定下的目标：

______________________________

______________________________

______________________________

______________________________

我的目标能通过以下途径为公司提供服务：

______________________________

______________________________

______________________________

作为领导者，你应该鼓励团队成员完成表格，同他们分享你的个人目标对于自己来说有多重要。让他们知道，你很期待与他们聊聊他们的个人目标。这告诉他们，你很关注他们，很看重他们的贡献。

你可以点击www.daretoserveleaders.com，找到“寻找个人目标之旅”的练习和使用说明。

## 个人目标的影响

当一支团队的成员确定了自己的个人目标，就能找到它和派派思宗旨联系起来的方式：他们会怎样激励勇于服务的领导者并取得优秀的业绩呢？以下是几位派派思领导者的个人目标。他们个性鲜明，各有不同。而每个人的个人目标都对派派思的业绩有积极的影响。

“我的目标是要放飞每个人的独特天赋，促进创新。”迪克带领的是一支充满创新意识的团队。创新型人才对团队管理人而言是一种挑战——每个人都有不同的个性，都有较强的批判意识。迪克的工作是要为派派思激发这支团队的创意，比如说新的菜品、新的包装、新的座椅设计和新的广告。这支才华横溢的团队会寻找、敲定并执行新的想法，增加派派思的销量。由于迪克有着创造有利环境让创新型人才茁壮成长的激情，他的个人目标为派派思“放飞”了行业领先的创新能力。

“我的个人目标是激励他人建立起积极健康的关系，更好地服务社区。”爱丽丝负责管理我们的供应链和质量保障部门。在这个角色里，她要带领团队找到创新方案，应对派派思的各种挑战。爱丽丝在解决问题时特别喜欢团队作业。她创立了一个奖项叫“能行”奖，奖励那些能够建立积极关系，帮助解决派派思难题的员工。她的目标帮派派思系统节省了4000万美元，大大提高了餐厅的利润率。

“我的个人目标是创造充满安全感的工作环境，让人们愿意冒险并充分发挥自己的潜能。”安德鲁的过往经历让他警惕，他曾在不好的环境里工作过许多年，那些地方让他沮丧，影响了团队的表现。安德鲁决定要成为不一样的领导者，为冒险与学习新的东西营造健康的环境。他所在的部门气氛非常好，汇集了美好的期待和鼓励的言辞。人们都努力成长、勇于冒险，能力不断提高。自安德鲁来到派派思起，他所在团队的业绩就快速攀升。我认为这绝非巧合。

“我的个人目标是要激励他人好好生活、爱人爱己、成材成器。”ZR早年的生活并不如意。他见证了祖父经受不公与歧视，经历了母亲死于非命的惨剧。自己也为了生活与工作疲于奔命。但ZR没有被打倒，反而取得了成功。如今他是派派思的运营副总裁。他将自己最重要的三条价值取向确定为牺牲（并非为了个人利益），把握时机（永远不会太晚）和救赎（感恩与宽恕）。这些价值取向让他得出结论，在任何情况下，人都值得被好好对待。如今，ZR的个人目标是要激励那些早年生活并不如意的人，让他们知道好好生活，爱人爱己，成材成器永远不会太晚。对公司的影响？他是我们餐厅里受人爱戴的导师。

“我的个人目标是激励他人拥有激情，分享并追求他们的伟大创意。”凯尔西在北卡罗来纳高地镇的家庭长大，她在家中的6个孩子里排行中间。凯尔西的想法和追求却没有限于小镇之内。她高中毕业后就搬到了城里，开始追求自己的梦想。凯尔西回想起来，还记得作为排行中间的孩子，她很难找到自己的声音和自信。现在她是派派思内部沟通的负责人，在工作中她为那些有伟大创意的人提供鼓励和支持。她通过工作，在派派思实现的伟大创意中表达了自己的声音。

每一个发现并践行了自己独特个人目标的人都在工作中取得最好的成绩。在寻求个人目标的过程中，人们对自己与派派思宗旨的联系有了更深刻的理解。因此，他们在为派派思业绩做出自己的贡献这件事上，有更强的主观能动性。

## 分享个人目标

当一位团队成员形成了自己的个人目标，领导者首先要做的事情就是鼓励他与其他人分享。毋庸置疑，这是至关重要的。与其他人分享个人目标，有以下这些好处：

1.他们会从一起共事的伙伴那里得到积极的反馈、鼓励和建议。这有助于确定和完善个人目标，使其真实可行。

2.同事会对他们有更深入的了解，更好地认识到他们怎样才能在工作中做出更大的贡献。这样一来，同事就知道什么时候能叫他们帮忙并对团队作出贡献。

3.他们可以从同事处得到支持。个人目标让团队了解成员们的优势和动力所在。反过来，团队也更可能鼓励他们，而不是批判他们。

4.他们感到自己成了更伟大团体中的一员，有义务拿出自己的最佳表现来。

## 践行个人目标

如果不在日常生活中实践执行，个人目标不过一纸空文。

针对个人目标提出了行动计划的派派思领导者，在工作中有更大的影响力。我们发现，最好的做法是让团队成员把自己的个人目标执行计划放进自己的年度或半年绩效评估中。这是回顾他们个人目标的好时机，也能借此机会鼓励他们践行个人目标，并且讨论在接下的几个月里践行个人目标的具体方法。

勇于服务的领导者会帮助追随者讨论他们的个人宗旨。这么做能提高团队的主观能动性和参与度，将带来的包括优秀业绩在内的各种积极成果。

别光听我说，问问周围的人。找几个已经明确了个人目标的人。然后看看他们对团队和公司的贡献。看看他们的成果。绝无意外。

个人目标会带来持久的优异表现。当你明确自己为什么要工作后，工作表现就会截然不同。你做事会有更强的目的性，更注重结果。你会尽自己最大的努力。这就是所谓“参与度高”的工作。

## 明确工作目的会带来优秀业绩

为了了解员工与派派思的关系，我们评估了员工的参与度。影响团队成员参与度的因素有很多，个人目标只是其中之一。因此我们的衡量结果也不是完全准确。尽管如此，我认为派派思员工的参与度指数是我们现有、且可用于衡量个人目标对业绩影响力的最佳指标。

派派思通过专业评估员工参与度的独立研究公司进行了一次年度研究。派派思员工参与度指数是针对以下4种陈述的数据统计：

我因在派派思工作而自豪。

我几乎没想过要到别的公司去找个新工作。

我会向别人推荐派派思，因为在派派思工作特别好。

总而言之，我对在派派思工作十分满意。

该公司对派派思员工参与度指数的研究报告显示，我们总得分为78%，显著高于他们的其他客户，他们的平均水平为69%。而职位名列前25%的领导者参与度指数最高，达到了89%。这些高于平均水平的参与度指数正是我们在派派思建设的个人目标文化的证据。

**派派思参与度结果**

| | 全体员工（%） | 职位名列前25%的派派思领导者（%） |
|---|---|---|
| 2012年派派思员工参与度指数 | 78 | 89 |

## 帮助有需要的人

派派思发现个人目标会使一个组织发生翻天覆地的变化。个人目标区分了人们的立场和使用天赋的场合。

即便如此，我们也只能帮助那些有需要的人。个人目标只对那些希望自己生活有意义、有价值的人起作用，而非对所有人都有用。许多人一辈子都没有个人目标——他们也毫不在乎。

也有几位领导者在寻找个人目标的过程中离开了队伍。我们并没有阻拦。这个问题会随着时间慢慢淡化。没有明确个人目标的那些人不会有很高的参与度，也肯定不会为了工作拿出自己的最佳表现。最后他们都会离开，或被人要求离开公司。然后公司也将因此变得更强大。

帮助那些想要找到工作意义和价值的人是非常值得的。

个人目标会提高员工的参与度和组织的业绩。

四

# 如何通力合作？

一人可成之事寥寥，众人可成之事良多。

海伦·凯勒

一个团队或公司的转变需要一个让人耳目一新的策略计划——即我们在第二节里谈到的，可以阐明一个团队或公司要怎样才能达到伟大目标的达标路线图。这种清晰的商业计划对于帮助一个组织成长是必不可少的。没有它，团队注定会失败。

达标路线图虽然必不可少，但是要想取得优秀的业绩，光有它还不够。

与决定做什么同样重要的是：决定团队如何通力合作达成计划。指导团队日常工作、让他们相互服务，完成商业计划的是什么样的原则？什么样的原则在推行后能带来优秀的业绩？

有些人称之为组织文化——这个词非常贴切，因为它代表着我们在追求目标时思考、行动和合作的方式。从根本上来说，确定文化的原则并让团队对这些原则负责就是领导者的工作与职责所在。

如果这些原则有效，就能成为提高团队表现的薪火之源。如果行动缺乏原则，领导者就无法带来卓越的成果——甚至可能会导致灾难的发生。

---

反思 15：你所在组织的原则是什么？团队的日常行动是否遵循这些原则？

---

各大公司在过去20余年里发生过多次伦理崩坏事件，这让我对于管理团队必须有原则这件事更加坚定。安然公司（Enron）在公司文档和标语上声明了他们的四项价值观：尊重、诚信、沟通和卓越。詹姆斯·昆恩在《纽约时报》的文章里引用了某人对安然公司真实价值观的评价："为什么不直接说出来呢？'我们要在不坐牢的前提下尽可能地努力多圈钱？'"

原则要想有用，就必须得“践行”，而不是只落在口头上。原则必须在团队日常沟通、决策和行动中都有鲜活的体现。

## 派派思原则

为了促进团队合作，我们给派派思挑选了6项原则。这些原则指导我们日常行动，并支撑着我们的宗旨：激励勇于服务的领导者，取得优秀的业绩。

我们对自己所从事的事业充满激情。

我们认真聆听，不断学习。

我们实事求是，准备充分。

我们教导和培养员工。

我们独立负责。

我们崇尚谦逊。

然而，比写在标语上的这些字眼更重要的，是在我们的日常工作中践行这些原则。下面来看看我们派派思在日常合作中是如何践行这6条原则的。

## 我们对自己所从事的事业充满激情

没有激情就无法成就伟业。

**拉尔夫·沃尔多·爱默生（Ralph Waldo Emerson）**
**《论文集》第一集**

派派思的第一条原则就是——对自己所从事的事业充满激情。我们对激情并无具体要求，只要有就行。作为团队管理者，我们的激情如同燃料，激励着人们为了组织，朝着大胆的目标不断奋进。

我们认为，激情这条原则对于一家特许授权公司而言尤其重要。派派思的特许经营商们总是充满激情——他们也应该这样。他们为了派派思的生意，做出了重要的决定——他们“倾尽所有”。因此，他们非常关心对自己生意有影响的各种决策。这种激情值得被尊重。

几年前，我们提出了一个重新装修派派思餐厅的新方案。我们带了十位特许经销商去新奥尔良看新款建筑和餐厅的原型。对于品牌未来形象的初次亮相，我们都非常兴奋。

特许经销商们讨厌那个新形象。在他们看来现代感不足，费用太高，和星巴克与麦当劳的新形象区分度不高。他们群情激昂，观点鲜明：不支持这样的重装方案。

派派思管理层对他们的反应十分失望，我们真想辩解一番。然而，我们很尊重特许经销商们的这份激昂。我们希望他们能喜欢并认同餐厅的新设计，这样他们才会鼓励整个派派思系统一起改头换面。对新设计缺乏激情只会毁了这次重装项目。

### 反思 16：你和你的团队在平时展现出激情了吗？

我们接受了特许经销商的反馈，开始重新审视设计方案，并且在两年后，展示出了让特许经销商们一眼就中意的设计方案，现代感十足、风格鲜明。特许经销商对这个新形象的首肯促使我们系统里80%的餐厅在2年内就完成了改造工作。这通常来说，至少要花5年以上的时间。是特许经销商的激情成就了业绩。

勇于服务的领导者喜欢充满激情的团队。激情是燃料，推动组织取得优秀的业绩。

## 我们认真聆听，不断学习

别以为你聪明能干又有上进心，所以你就乐于沟通，知道如何聆听。

罗伯特·格林利夫（Robert k. Greenleaf）
《公仆式领导》（*Servant Leadership*）

我女儿特蕾西13岁时像大多数青少年一样，开始不按规定行事、顶嘴、熬夜、很晚才回家，还把湿毛巾扔在地上。

然而这些行为里，她最让人讨厌的是哪一项呢?

我想和她说事情的时候，她会用手指堵住两边耳朵不听我的话，还说，“迷你耳塞……听不见……”

还不够成熟的时候，我们会不听别人的意见，不向别人学习。事实上还会变得更糟。长大成人后，我们开始对所有人指手画脚，告诉他们该做什么——美其名曰领导力。

这是不对的。

是什么让我们拒绝聆听和学习？很简单，作为领导者，我们希望自己无所不知。无所不知让我们觉得自己是组织中不可缺乏的一员，位置坐得稳。

不幸的是，这简直大错特错。

亚特兰大教会牧师安迪·史丹利是这么说的：“领导者的智商随着每次个人晋升而下降。”

随着不断晋升，领导者离大家越来越远，离事实真相越来越远，离他/她所需要的各种管理知识和技能也越来越远。认真聆听和不断学习是缩小我们与真相之间距离的良方。

派派思把认真聆听和不断学习列为第二条原则是因为知道我们需要经常提醒自己聆听特许经销商的声音，知道我们需要从自己的错误中学习。

比如说几个月前，我们在为餐厅订购某个特定产品时遇到了麻烦——供应链出了问题。派派思管理层和特许经销商们在由谁来监控派派思采购和配送合作的问题上出现了重大的意见分歧。

派派思管理层简直都快疯了。

而当领导者快疯了的时候，什么聆听和学习都被抛到九霄云外了。失去理智的领导者说话都比较直。他们不再拐弯抹角，而是直接说出心中的想法——虽然直白，但一点用都没有。残酷的现实就是：和人谈效率只会毁了相互之间的关系。

管理层意识到了“此路不通”。我们对照派派思原则重新反省，再看看“失去理智的会议”会带来什么样的结果：除了所有人都窝了一肚子火以外，什么问题都没有解决。我们需要重回正轨。于是我们决定在会议一开始时，不要直奔自己的目标，而是多问问题，理清思路，多花时间认真聆听特许经销商们的观点。

我们的理智很不开心："这又慢又没效率。"然而派派思的原则就是这么要求的——聆听并学习。

**反思 17：你和你的团队是否能对自己服务的对象做到认真聆听、不断学习？**

会议以友好的沟通开始。我们提了一些开放性的问题，进一步收集问题的相关信息。我们了解到了一些以前没有注意到的信息，改变了我们对事情的看法。我们发现特许经营商们对新想法的接受程度比想象中的要高。他们愿意考虑一些新的思路，共同寻求更好的解决方案。

经过几天的后续讨论，这个问题得到了妥善的解决，也收到了各方的一致认可。聆听与学习为所有人指明了一条取得卓越成果的道路。

认真聆听和不断学习并非人的本能，但勇于服务的领导者总会在行动之前停下来，认真聆听，不断学习。总的来说，它能帮助人们在采取下一步行动前达成一致，从而完美地执行行动。与团队管理者一个人的决定相比，它能带来更好的结果。

## 我们实事求是，准备充分

由于未能预见到理应预见的事情，或是未能做出理应顺便做出的行动而导致领导失败的现世例子多不胜数。

罗伯特·格林利夫（Robert k. Greenleaf）
《公仆式领导》（*Servant Leadership*）

看到“实事求是，准备充分”这条原则时，你可能有点意外。这更像是做生意的一种方法，而非原则。派派思之所以将其作为一条原则，是因为它曾改变了我们工作的方式。对事实和规划的更高关注使我们得以与特许经营商们建立信任和联盟。因为实事求是，充分准备带来的真正好处正是带来合作，或许我们也可以将这条原则称为“合作”。

正如我早前所说的，一开始我们并没有餐厅经营的财务数据。因此，我们不知道自己用于提高销售量的市场活动能否提高店主的收益。我们需要事实的支持。

一年后，有一位资深的特许经营商批评派派思管理层，说由于核心餐品打折，我们6月份的促销活动几乎让派派思特许经营系统破产。我停顿了一下，然后平静地说：“事实上，与去年的任何一次促销活动相比，派派思系统在6月的绝对利润都是最高的。”那位特许经营商问我有何根据。我说：“因为我们手上有超过1000家餐厅的盈亏损益表。”他笑着说：“那看来你说的是真的！”

事实使人做决策时免受临时想法和个人意见的影响。随着时间的推移，事实能使我们与服务对象建立起信任、联盟和有效的合作关系。规划也有类似的功效。

反思 18：你们用什么流程收集和分析事实？你们用什么流程规划未来？

我们以前按月规划派派思市场促销活动，定期召开会议采选下一次的促销方式。这种方式非常累，而且选出来的促销方式也并没有太好的效果。如今，我们制定了促销活动的三年规划，形成了一张促销日历，安排好了每个季度的促销餐品。我们就每年需要发布多少新产品达成了一致，而它在推出之前都必须经过测试和验证。活动排期规划会议是经过精心组织过的，活动的选择均基于事实数据，因此我们成功的概率大大提升了。

规划减少临时决定的出现。匆忙的决策通常都不够明智。

勇于服务的领导者会收集决策所需的事实，设置规划的流程。通过这种方式，领导者与服务对象之间建立起信任、联盟和合作的关系。随着时间的推移，更深思熟虑的决定与更周到的规划将为你带来更好的成果。

## 我们教导和培养员工

> 简单直白地说：如果你没有让员工朝着正确的方向前进，就永远不可能充分发挥出公司的潜力。
>
> **拉里·包熙迪（Larry Bossidy）**
> **联合信号公司执行官（已退休）**

我们选择"我们教导和培养员工"做派派思第四条原则的理由与其他五条都不一样。我们通过研究公仆式领导发现，教导与培养员工是公仆式领导型公司的特征，但它并不是派派思的一项核心能力。通常来说，培养员工都是我们事后才想起的。

我们倒是有个不错的借口。毕竟餐馆的生意全年无休。

---

反思 19：平时你们的培训是怎么安排的？你是否为每位团队成员制定了特定周密的培养计划？

---

管理层的工作很辛苦：我们要在不同的城市之间飞来飞去，拜访餐厅、解决问题。除了一年一次的绩效评估，我们哪里还能找到时间教导和培养员工呀？

员工在反馈会议上告诉我们，其实我们有许多培养、发展和认识员工的绝佳机会。

我们做的第一步就是聘请人力资源专家开发各种基础培养方案。然后开始为这条理想原则投注各种资源。

现在，我们在为每个人设立绩效目标、准备年度培训计划方面已经做得很好了。我们会定期观察员工，寻找提高明星员工表现的方法。我们鼓励管理者为他们的下属每两周提供一次一对一的辅导课，用来及时明确双方期待、提出问题和解决处理。我们还开办了领导力发展研讨会，用来提高大家的能力。

我们相信，这只是成为一流教导和培养型公司的开始。下一步我们会为公司的管理者们开发一种通用的培训模式，提高整个组织在这方面的能力。

我们在教导和培养原则上，还没有达到理想的状态。我是以完全透明的方式在与您分享派派思的故事。在履行原则上，我们在某些方面做得很不错，但在其他的一些方面，仍然有很长的路要走。我相信如果意识到某个原则对于成就卓越是至关重要，就一定要说出来，即便如今我们在这方面做得还不够好。

我们希望成为一家以领导力发展著称的公司，因为我们对教导与培养领导者有信心。这条原则让我们有责任不断地改进每一天的行动。

## 我们独立负责

> 伟大的代价是责任。
>
> **温斯顿·丘吉尔（Winston Churchill）**
> **1943年在哈佛大学的演讲**

每条派派思原则都有一个符号，独立负责原则的符号是一块拼图。我们选择这个符号是想强调每个人做好“自己那块拼图”的重要性。这正是独立负责的意思——与其他图块紧密拼合组成图画的一块拼图。

我们希望派派思的管理层和特许经营商们都能做到自己说过要做的事——言出必行。我们希望他们都能对自己的角色和职责负责。我们希望他们犯错时迅速坦白并请求原谅。我们希望他们解决自己发现的问题，不要推卸责任，不要相互指责。

这条原则在特许经营合作关系中至关重要。如果我们其中任何一方逃避自己的责任，这种商业合作都是无法有效进行的。

比如说……授权方在建立品牌或管理系统上失职的情况下，特许经营商们的生意就会受到影响，他们也无法靠单方面的力量解决这个问题。而当特许经营商们无法善待顾客或无法提供优质餐品时，授权方以及品牌都会蒙受损失，并且无法在没有特许经营方作用的情况下解决问题。我们的生意基于一种叫合作伙伴的共生关系之上。各司其职是基本要求。

其他公司可能有不同的架构，但所有的公司都需要与人合作，共同推进商业计划。我想不出来有哪个公司能只靠一个领导者单打独斗就能取得优秀业绩的。我们都服务于相互依存的团队，依靠团队中的每位成员以及各个部门各司其职，当好各自的那块拼图。

---

**反思 20：你如何保持团队的责任心、防止成员产生自怨自艾或相互指责的行为？你的团队是如何协助你做到独立负责的？**

---

勇于服务的领导者都知道，独立负责对于取得优秀的业绩至关重要。

## 我们崇尚谦逊

> 自我意识从无休止。它从微观上控制我们、削弱我们的自信、抑制我们的能力。它擅长控制。
>
> 史蒂芬·柯维（Stephen Covey）

在派派思，你经常会听到这句话："如果你把谦逊挂在嘴边，那就说明你并不谦逊。"

谦逊是最难讲明白的一条原则，也是最难做到的一条原则。如果你只是把谦逊挂在嘴边，那么你就有可能是看起来一幅自以为谦逊的样子。你的团队会迅速地想起你不谦逊的事例。如果你渴望在日常行动中做到谦逊，就会努力地做到始终如一。而你的团队也会迅速地发现这一点。

在派派思管理层制定我们服务于人的六条原则时，这条原则对于我们每个人来说都是毫无异议的，我们都希望在日常行动中做到谦逊。

为什么？从过往的职业经历中，我们都得出了这个共同的结论：与不谦逊的领导者共事有如身在炼狱。他们只想着自己，几乎不会考虑别人的想法和需求。

反思 21：你和你的团队如何在每天的行动里践行谦逊？

同时我们也都认同，没有人生来就是谦逊的。这意味着很多时候与我们共事也是有如身在炼狱的。因此，谦逊必须靠个人意识去坚持，否则我们永远也不会在团队面前谦逊起来。这条原则始终是一个努力的方向，而不是终点。即使我们努力尝试，也仍将一再失败。

谦逊的领导者激励他人，以自我为中心的领导者则会挤压他人的精神。勇于服务的领导者渴望变得更加谦逊。

## 我们如何携手取得优秀业绩

勇于服务这种管理方式有用吗？能取得优秀的业绩吗？

要证明勇于服务的管理方式是否有效，财务表现是底线——我们的表现不错。也许没有什么能比我们的股价更有说服力了。如下图所示，从2008年9月到2014年9月，派派思股价从不到10美元攀升到了40美元以上。而且我们股价涨势不仅超过了同期标普500餐饮版块的表现，也超过了同期标普500的整体水平。

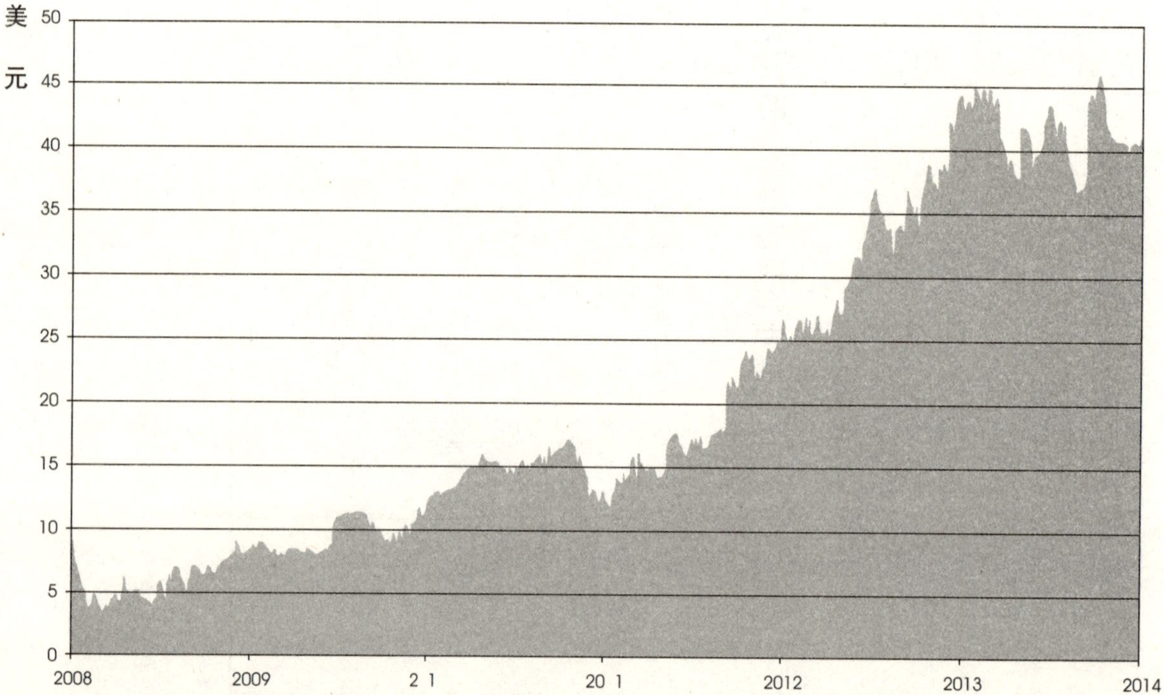


派派思股价（2008年9月22日至2014年9月22日）

华尔街万众瞩目。虽然令人眼前一亮的商业策略必不可少，但原则是引导领导者完成计划，顺应轨迹达成目标的指南。

而派派思原则立下了大功。

第二部分

# 如何成为<br>勇于服务的领导者

大家都想着要改变别人，却没想过要改变自己。

**列夫·托尔斯泰（Leo Tolstoy）**

我在大公司里工作那么多年，从未想过自己的工作要“为他人服务”。在我职业生涯的早期，人们问起我的工作准则时，我会说“像男人一样思考，像淑女一样行动，像狗一样工作”。这句话是我从一本书的封面上看来的，但其实那本书我从未读过，就这样，我还拿来用了20年。

你问我有没有追逐聚光灯？当然有。

如许多人一样，我经历过成功：取得成果，获得奖赏，得到提拔。因为我的工作领域是营销与创新，所以我爱用大胆激进的想法来发展业务。我喜欢以团队合作的方式完成任务。我富有勇气，却不确定自己是否真的谦逊。我不知道走出聚光灯外，竭诚为他人服务的领导者也能带来优异的业绩。这种成功的范例，我一个也没见过。

与此同时，我也见过一些非营利性组织的领导人，他们全心全意地为他人服务，为受虐妇女提供爱心厨房和住所。这些人都是传教士和社工。我十分钦佩他们的领导力，以及他们为其他人生活带来的深远影响。回想起来，要拿我们在营利性公司的领导力与这项高贵得多的事业相比，结果可能非常尴尬。

如何让聚光灯更多地照在自己身上？大多数人都将这视为头等大事。这种领导者营造出来的工作环境并不会让他人有所提升或得到尊重，业绩也通常只是平平。

有些领导者有着超乎常人的勇气，而又有一些领导者低调谦逊，这让我很迷茫，开始反思自己想成为哪一种。

结论？

作为领导者，必须兼而有之——既有能引导众人实现宏伟目标的勇敢，也有全程为他人无私奉献的谦逊。而这种勇敢与谦逊之间的动态平衡，正好创造了成就卓越的环境。

我要是能早些发现这一点就好了。

# 五

## 选择服务他人

行事不可出于自利与自负，而应基于谦逊，把别人看得比自己更重要。

腓立比书2:3

大学毕业后的第一份工作中，我有一次在拐角办公室和一个被众人称为“大老板”的人开会。那次会议要做出一个重要的商业决策。我们都挤在他的会议桌旁边，他仔细考虑了一下现实情况，跟我们说，“我们要发起一次迂回进攻”。

我根本不知道他在说什么，所以快速而仔细地环视了会议室里的其他人，看他们要如何反应。是要跳起来跑呢？还是蹲下躲起来？谢天谢地，最后什么也没发生，我们只是收拾了自己的文件，回到了自己的办公桌前而已。

我需要学一些橄榄球术语，也需要一些领导力相关的培训。

从那天起，我就一直在研究领导力——它是什么？领导者，特别是那些取得优秀业绩的领导者——都有哪些特质？

我寻找答案的第一步是什么呢？研究我的老板们。

## 观察领导

> 所有人都曾受过真正伟大的领导者启发。这不无道理，他们能以你未曾想象过的方式改变和提升你的职业生涯，有时甚至能改变你的人生。
>
> 与此形成鲜明对比的是，糟糕的老板只会要了你的命。
>
> **杰克·韦尔奇（Jack Welch）**
> **《赢》（*Winning*）**

在职业生涯中期，我曾为两位风格截然不同的老板工作过。他们二位很容易被我拿来比较，毕竟我先是为第一位老板工作了一年，紧接着又为另一位工作了一年。

我永远都不会忘记与第一位老板的初次会面。在他的办公室里，他对我说：“是我选择你担任这个职位的。你的才能非常符合我们的需求。我期待着与你合作，一定很有意思。”这样的欢迎方式独树一帜。他真诚热情地邀请我加入他的团队。我还记得当时自己在想，这样的谈话真是从未有过呀。

接下来，在为这位老板工作的一年里，我带领一支品牌建设团队，负责开发一批创新性的新产品。那个团队是我当年职业生涯中带领过的最大的。这个任务很有挑战性。而在家里，我又是一位妻子和母亲，应对着来自家庭的各种需求。生活很复杂，但还过得去。

第一位老板对我的一切都很感兴趣。他参加了我们新产品构思的会议，鼓励我们要大胆，要勇于创新。他领导我们成长。他的谆谆教诲对我们之后很多年的发展都有影响。他还喜欢了解我们工作以外的生活——甚至还给我的女儿取了个昵称（小蓝鞋）。在他的任期里，我们的业绩昂然飙升，成了公司里业绩最好的部门——我们都热爱自己的工作。

我同样清楚地记得第二位老板的到任。这是第二年的事情。他在一次大型的公司会议中被介绍给大家，他做了一个演讲，说自己很高兴得到了提拔。他雄心勃勃。

这位老板邀请我吃了个饭——这是一次“相互了解”的机会。饭局中他说了这些话：“我听说你很棒。我的工作就是要让你摔点跟头。”然后他咧嘴笑着，仿佛那是件有趣的事。我永远也忘不了这些话。

那些话印证了第二位老板的世界观——找到别人的过失和错误。确保大家都知道，老板在各个方面都比所有人要聪明和完美。因为老板是公司的“明日之星”。

第二位老板也决意要把我培养成一位领导者。他请了一位叫弗兰克的企业心理学家为我做了一系列测试，就我的个性和发展机会写了一份18页之长的报告。报告结论表示，我读《华尔街日报》读得不够多，套装也需要上个档次。那一天，我也记得相当清楚。

在第二位老板领导我们的一年后，公司失去了动力，管理层有很多人离职，包括我在内。几年后，这家公司被卖给了另一家公司。

从第一位和第二位老板的对比中，我学到了什么？

第一位老板把大家都服务得非常好，但绝不是胆小懦弱之人。他督促我们实现大胆的想法；从不吝惜鼓励的言辞，让我们明白他对我们有十足的信心；他还对团队成员和公司都抱有宏伟的期待。在他的带领下，我们取得了优异的业绩。那是我职业生涯中最美好的经历之一。

反思 22：你最好的老板是谁？你最差劲的老板是谁？谁让你取得了最好的成绩？为什么？

第二位老板很聪明。他鞭策我们去实现他的想法；以居高临下的言辞，清楚地表明了他认为我们不如他能干；他雄心勃勃——但仅限于对自己的前途。而且公司业绩也惨遭滑铁卢。那是我职业生涯中最难受的经历之一，因此我早早地离职了。

这次经历是改变我对领导力看法的拐点。我决定了，自己要成为第一位老板——“为人民服务”。与此同时，我也决定了，自己必须不惜一切代价，避免出现第二位老板的行为：扑灭团队的能量，把业绩出众的公司拖垮。

## 研究领导力

我开始研究不同的领导方式。

20世纪70年代末，罗伯特·格林利夫提出了公仆式领导的概念——以他人幸福为先的领导者。

格林利夫既不是教授，也不是研究员，他是20世纪最大的公司之一——美国电话电报公司的中层管理。格林利夫思维缜密而乐观，他研究现世环境中的各式领导者。我想这就是我喜欢他的观点的原因吧，这些观点都是基于现实的。

格林利夫在他的著作中总结道，在极端情况下，领导者要么以领导为先，要么以服务为先——即分为专注于个人目标实现的领导者和以服务他人为目标的领导者。

以领导为先的座右铭是“我即一切”：以自我为中心的领导方式。这种领导者追求掌权之位、喜欢获取和行使权力、追求能带来个人利益的胜利。他们的选择基于个人的喜好：只做对的事情——即对自己有好处的事情。

以服务为先的座右铭是“他人即一切”：关注他人的领导方式。这种领导者身处掌权之位，却把权力下放给大家——聆听大家的声音、与他们合作、追求团体和公司整体的胜利。他们的选择基于道德诚信：不管自己要付出多大的代价，只做对的事情。

格林利夫认为，处于极端情况的领导者——不论是100%以领导为先的还是100%以服务为先的，都非常少。

经过超过35年的个人观察，我认为领导者不存在“好”或“坏”之分——每个人都兼有好与不好的特质。而问题就在于，我们未能有意识地在服务自己或服务他人这两种极端的情况之间决定自己的位置。

我们在服务他人和服务自己之间来回摇摆。每天的立场都可能不同，甚至每个小时都有不同；我们缺乏坚定的信念。

我们在现实与理想之间挣扎沉浮。

---

反思 23：如果把自己每天的行为用服务他人的过滤器筛选一遍，会有什么不同?

---

## 反观现实

最近突然涌现出不少关于商业和领导力的真人秀节目，非常好笑。这些节目反映了我们的文化如何定位领导者是否取得了卓越成果。

2004年全国广播公司（NBC）和地产界亿万大亨唐纳德·特朗普推出了《谁是接班人》节目，让两个团队相互竞争，直到其中一位候选人赢得在特朗普集团工作的机会为止。这个真人秀迅速地成了最火的新晋电视节目。除了成就优秀电视节目所需的娴熟运作手法和残酷竞争桥段以外，这个节目就只留下了经典台词“淘汰”二字。

2009年美国广播公司（ABC）推出了《创智赢家》，让那些曾经白手起家，如今功成名就的挑剔的百万富翁们给创业者机会，为他们的商业创意注资。这是全球真人秀节目《暴龙之穴》的美国版。每一集里，“鲨鱼”们都会质询创业者们创意中的疑点漏洞——向观众们完美呈现梦想被暴龙残杀的过程。鲨鱼和暴龙在我们的脑海里留下了企业领导者的清晰印象。

也许这些是我们最喜欢的电视节目，但他们所呈现的领导者形象，是不是你愿意为之拼搏付出的对象呢？如果不是，那就得考虑另一种了。

如果服务他人能带来优异的业绩，你愿意以这种与众不同的方式去管理团队吗？

如果愿意，那你就要小心避开以下这些陷阱了。

**服务陷阱1：权力。**

我曾经出品过一台音乐剧。其实它并没有听起来那么唬人，毕竟那时我才9岁，是在一次家庭聚会上演的。

虽然我那时只是个孩子，但已经是演员里年纪最大的了。我决定任命自己为制片人兼老板。由我来挑选大家表演的剧目，并确定每位表弟表妹的角色。

那年是1965年，而我那年最喜爱的电影是《音乐之声》。

当然了，主题歌是肯定要唱的，所以我选择让自己领唱。为了让自己“进入”角色，我溜进了妈妈的衣柜，把她的婚纱拖了出来，作为我的表演服。表弟表妹们则得到了一些次要的角色。

我不确定自己的表演有没有让那些看完了整场表演的大人热泪盈眶。但我确定自己在9岁那年是个一手遮天型的领导者。我用了自己的权力压制别人，达到自己期待的结果。那就是“我即一切”。表弟表妹们到现在还一直提醒我这件事。

每个管理职位相应地都会有一定大小的权力。问题是，领导者会如何行使他们被赋予的权力呢?

在我们的文化里，最受追捧的领导方式就是以权力制约他人。追求权力、获得权力、行使权力压制别人的领导者倍受好评。这就是领导者的职责所在——或者说，我们都是这么认为的。

我们对权力的标识物趋之若鹜：头衔、地位、金钱、学历，以及所有能清晰体现领导者优于一般普通人的东西。

权力这个问题是不是只困扰着首席执行官们呢？不，所有领导者都面临着为了一己利欲攫取权力的风险。

---

**反思 24：你如何使用职位带来的权力：为个人利益服务还是为他人和组织服务?**

---

你注意到公司新提拔的领导者是如何行事了吗？他们有没

有突然“管”起事来？有没有变得严厉起来，背着手，嗓门也大了？有没有把权力两字顶在脑门上？

除非你有意识地拒绝，高于他人的权力和职位赋予你的权威很有可能就会变成你管理团队的动力。你会用自己的权力服务他人吗？

**服务陷阱2：成就。**

我高二那年，家里搬到了加利福尼亚的丘珀蒂诺，于是我就转到了蒙他维斯塔高中上学。这所学校竞争很大，我必须要跟上。第一次家长会那晚，爸爸发现我所有代数II/三角的测验都没及格，特别尴尬。他跟我说，在数学成绩跟上来以前不准出去玩。

罚我不准出去玩是个好办法。我迅速地发现了，自己必须得多用功才能拿到好的分数。爸爸也有奖励政策——他说如果我成绩单上全是A的话，就带我出去吃高档牛排。

高三那年春天，我达成了全A的目标。我穿了一件粉色的及踝长裙，爸爸带着我去了旧金山一家著名的餐厅吃牛排。

我十七岁时就明白了什么叫“个人成就”，并且体验到了它的美好。但那也是“我即一切”。又过了很久，我才发现自己过度热衷于追求“全A”而错失了服务他人的机会。

我对成就的认识来自于学业。你的也许来自于运动或其他类型的竞赛。在取得成就的领域里，都会有一个概念深深地植根于你的脑海里。赢是好事。输是坏事。

---

**反思 25：你人生中最重要的成就是什么？它是你的个人成就，还是团队的整体成就？**

---

如果李爱锐（Eric Liddell）没有在1924年的奥林匹克运动会上赢得400米金牌，就不会有电影《烈火战车》。如果亚历山大大帝没有征服波斯帝国，我们也不会记得他。如果微软早早就破产倒闭了的话，我们就不会推崇它的创始人比尔·盖茨。

没有取得过伟大成就，就算不上是伟大的领导者。取得成就是领导团队的一个必需要素。

关键的问题在于：这个成就是你个人的，还是大家的？

你对成就有何看法？你担心的是什么？个人晋升？下次涨薪？得到认可？搬进更大的办公室？

你的答案是什么？

**服务陷阱3：雄心。**

大学毕业后，我开始了第一份工作，我在俄亥俄州辛辛那提宝洁公司做品牌管理。那年秋天，公司针对60位新员工办了一个入职培训，他们都是大学或商学院出来的年轻毕业生，踌躇满志，渴望成功。我迅速地发现，在我们品牌管理的领域，首要指标就是看我们在多短的时间之内就能达到现场销售培训的要求。完成这项为期3个月的任务是对我们第一次晋升的考核要求。我们60人开始朝着那个目标奋斗，看谁能先完成。

从那个时候开始，我知道了什么叫雄心。雄心让我们专注于未来——一个需要达成的目标。工作能力貌似是以加薪和晋升来衡量的。我的雄心就是要达成这些里程碑事件，获得以晋升为标志的认可。我高兴地发现自己有雄心，然而这还是“我即一切”的心态。

我们的文化认为，领导者必须要有雄心。韦氏辞典对雄心一词的定义是“一种对社会地位、名誉和权力的热切渴望”，它源于拉丁词ambition，指的就是为政治职务拉取选票的行为。从词根词源出发，我们找到了雄心的问题所在。雄心的问题就在于它是以自我为中心的。

以他人和公司的利益为中心的雄心是什么样的呢？也许以服务对象为中心的“志向”会是一个更合适的表达。

志向的定义是“要实现伟大或宏伟事业的强烈渴望”。

你是要拥有“我即一切”的雄心呢？还是要立志与大家一起成就伟业？

> 反思 26：你所拥有的是为自己利益服务的雄心，还是为团队众人服务的志向？

## 你的选择：追逐聚光灯还是勇于服务？

从那些追逐聚光灯的领导者身上我们能学到什么？以自我为中心的领导方式是高绩效团队的敌人。这种领导方式，

- 不会提高人们的能力，不会激发大家冒险的意愿
- 也许让人愿意承担责任，但这些人并不会为了提高业绩而提供支持和指导
- 依赖权威，因为无法形成真诚的合作关系
- 过于自信，不够现实——因为追随者们不会与领导者对话

以自我为中心是一种懒惰的领导方式。领导者只是运用手中权力压迫他人，达到有利于自己的目的而已。这并不难。但这种做法限制了团队和公司的表现，不会带来优秀的业绩。

勇于服务的领导方式就难多了。而在这种挑战的作用下，

领导者会为取得优秀业绩营造出适宜的氛围。这种领导方式：

- 始于有意识地要把别人服务好的谦逊决心
- 激励众人去达成伟大目标，实现大于个人雄心的志向
- 增强大家的能力，提高人们冒险的意愿
- 使人愿意承担责任
- 自信程度适中
- 有效

勇于服务的领导方式需要个人信念，发自内心，要求很高。

勇于服务的领导者有着独一无二的复合特质——既有能引导众人实现宏伟目标的勇敢，也有全程为他人无私奉献的谦逊。而这种勇敢与谦逊之间的动态平衡，正好创造了成就卓越的环境。

你会选择这种更难、要求更高的做法吗？

你会选择服务他人吗？

六

# 要大胆 要勇敢

我认识到，所谓勇敢不是没有恐惧，而是战胜恐惧。勇敢的人并不是感觉不到害怕，而是克服了那种恐惧感。

纳尔逊·曼德拉（Nelson Mandela）

我有位朋友去了南非蹦极——从布劳克朗桥上往壮观的峡谷跳下。这条大桥距离底下的布劳克朗河有709英尺，虽然它在世界最高桥梁排名上只位列第36名，却是世上最高的商业蹦极场地。这项极限运动的当地运营商把自己的公司命名为“直面肾上腺素”。

这位朋友回家后给我看了她蹦极时的录像带。准备跳下前的几分钟里，向导刚把她固定在安全背带里，她就已经尖叫着哭了起来，仿佛自己随时就会死掉。

我完全能体会那种感觉——我若在那个平台上早就被吓死了。而朋友比我勇敢多了，她成功跃下，倒挂着在布劳克朗河之上荡来荡去，直到工作人员把她拉上来。她告诉我这种经历有多么奇妙——在空中飞荡，血液充涌进大脑时是何种感受。

因为不喜欢体育冒险，我对蹦极完全无感。为什么人们愿意去冒这种险呢——从这种经历中，他们能得到什么好处呢？

2009年，艾里克・布瑞默（Eric Brymer）和琳赛・奥地斯（Lindsay Oades）发表了一项研究报告，阐明了极限运动参与者的心态和极限运动对其产生的影响。研究结果可能会让你大吃一惊。他们发现研究对象（包括蹦极、激流皮划艇、冲浪和极限登山的爱好者们）的勇敢和谦逊程度均有所提升。显然，参与能直面死亡威胁的运动能为我们带来积极的转变，让我们更勇于冒险，同时在意识到自己无法控制所有后果之后变得更为谦逊。

勇于服务的领导方式反映了同样的矛盾。

这种领导方式需要同时具备巨大的勇气和谦逊的灵魂。领导者必须唤起大家心中对勇气的渴望，勇敢到不惧失败。领导者必须给予人们信心，让其坚信理想一定会实现，同时谦逊地接受自己无法控制所有结果的这个事实。由不确定结果带来的紧张感，加上领导者的承诺，帮助人们达成理想，成就令人振奋的业绩。管理一个团队就是一项极限运动。

## 领导者皆勇士

伟大的领导者皆有宏愿——他们对大家的期待都很高。想想历史上的领导者们。你有没有想起任何一个对人民期待甚少的伟大领导人?

我对商业领导力中伟大目标的近距离研究始于我在为达美乐比萨创始人汤姆·莫纳根（Tom Monaghan）工作时。从1995年起，我就开始给他打工，直到他1998年把公司卖给贝恩资本（Bain Capital）后结束。我从未离一个成功企业家如此近——这段经历比我参加过的任何MBA课程都有益。

我曾经问过汤姆，他创立公司时最初的愿望是什么。那真是一个大胆的想法。他说，“我希望能在美国的每个大学城里都有一家达美乐比萨店，在当时看来，应该是200家左右。”汤姆早年全部家产除了达美乐以外，只剩一辆大众甲壳虫，那还是他们兄弟二人的共有财产。然而，他仍有伟大的理想。这个大胆的想法为达美乐吸引了许多的企业家，他们都想成为历史的开创者。

汤姆的事业是由源源不断的勇敢行动组成的。

他大胆创新。汤姆曾经同我说过，自己不善推销。然而我那时已经听说过他在开第一家店时，把达美乐的优惠券插到各间公寓门上的故事。他在每张优惠券上都标了一个编码。当顾客使用优惠券买比萨时，汤姆就能算出优惠券的使用率了。他没有接受过营销培训，但从本质上来说，是他发明了多年后流行甚广的直销方式。在接下来的好几年里，加盟商都用同样的方式，为达美乐的销量增长做出贡献。

汤姆在慈善事业上也很大胆。众人都知道他是一位虔诚的天主教徒，是教会最慷慨的捐助者之一。

---

**反思 27：你为组织定下的伟大目标对于提高团队能力、丰富团队经验有何帮助？**

---

汤姆有着十分大胆的事业观。他承认，自己在许多方面都未能达到理想的样子，但他非常希望达美乐的管理层永远都能有伟大的目标。汤姆奉行的某些价值观很传统——比如说万事诚为先；而某些价值观就比较微妙了——比如说公司即时支付。汤姆要求首席财务官（CFO）在收到账单后立即支付，不使用标准的现金支付时限。他认为用供应商的钱来牟求我方私

利是不对的。不管CFO如何恳求，汤姆始终坚持他的观点。

汤姆要开200家达美乐门店的大胆愿望在1978年实现了。而在他将公司卖给贝恩资本时，达美乐已经有超过6000家门店了，其中包括1500家海外门店。因为汤姆伟大的想法，达美乐有了1000多名加盟商。他们都被服务得很好。

大胆的管理层让人们看到：未来会比自己想象的更美好，值得放手追求。人们在实现伟大目标的过程中，提升自己的能力，丰富自己的经历——为了实现自己从未敢想过的目标，不断提高自己。

善于服务的管理者都会为组织构筑伟大的目标。

## 你会为什么样的大胆目标而奋斗？

回看我人生早年，第一次为他人和公司定下大胆目标是我在救星糖果公司的时候（没错，说出来你可能不信，我还曾致力于发展救星糖果公司事业）。那时的救星糖果大多都是老太太买来哄孙子孙女，好让他们别在教堂里吵闹的。那并不是一家充满活力，蓬勃发展的公司。

20世纪80年代，当我还在致力于解决这个相对低阶的问题时，美国总统正在考虑如何防止其他国家，特别是来自苏联的导弹袭击。里根总统为国家提出了一个大胆的想法——即

"战略防御计划（SDI）"。这个想法的意思是美国建立一个先进的反弹道导弹系统，可以在导弹着陆前先用激光将其在空中击落。

我记得SDI是一个大胆而有抱负的想法。轮到我为救星品牌的未来提出大胆的新想法时，我飞到了弗吉尼亚州的诺福克为高级管理层做演讲。要怎样才能吸引听众们的注意力呢？我把这个演讲命名为"救星战略防御计划"。

在演讲中，我为复兴救星品牌把团队中最为大胆的想法说了出来。即三种新的糖果产品：一个是含有10%真正果汁的果汁救星糖，一个是救生圈糖（可以想象成中心有一个洞的救星糖），还有就是美国第一款救生圈形状的橡皮糖——橡皮救生圈。

我们的救星战略防御计划执行情况并不完美，但最后还是得到了不错的业绩数据。

果汁救生糖成了引领时代的潮流——杂货店里不管什么东西都要加10%的果汁了。给孩子吃糖的时候，妈妈们感觉会稍好一点，毕竟含10%果汁呢。所以这款产品在销量和市场占有率提高上均有不俗表现。虽然果汁救生糖最终也走到了产品寿命的尽头，但它曾经一度让整个品牌焕发了生机和活力。

救生圈糖的情况比较复杂。尽管这个想法只是在每颗救星糖中心挖出一颗无处可去的“小糖芯”，但事实上是我们不得不设计一个机器，专门做出这种中间有个小洞的硬糖。然后再设计出一种装“小糖芯”用的塑料包装袋。做糖果和包装袋的机器都十分昂贵。所以产生了昂贵塑料包装里装着一颗非常小的糖果的产品。救生圈糖推出时阵势很大，群情激昂，但最终成了昙花一现的时尚，远远没有达到我们所承诺的高利润。

最后一个想法终于大获全胜。橡皮救生圈绵软弹牙，同时又保留了大家钟爱的救星糖风味。当时唯一的竞品是欧洲进口的小熊橡皮糖，又硬又难吃。我们推出的广告也获了奖，一群湿润柔软的糖果在跳康加舞，借此展现它们的柔软度和风味。不光是广告获了大奖，更重要的是这个产品带来了一亿美元的销售收入。

那次“救星战略防御计划”的演讲非常大胆——有些人也许会认为是“疯了”。然而它却催生了3种生机勃勃、富有创意的新产品。虽然它们并没有都收到很好的效果，也没有全都被长期保留下来，但这些新产品为团队带来了新的能力、新的经验和新的信心；也为公司带来了销量和利润的增长。

---

反思 28：想想自己曾参与过的一个大胆的想法。它对你之后的管理方式发展有怎样的帮助？

---

乍一看，你也许会觉得将区区一种糖果新品看作是把众人服务好的勇敢行为有些愚蠢。然而我建议你想想，这个大胆的想法对人们带来了什么样的影响。这项工作最伟大之处在于对公司业绩的影响：

- 工程师们创新了糖果的制作方法——技能和信心都得到了提高
- 为了生产新产品，工厂得以扩建——为社区居民提供了新的工作机会
- 管理岗位上的人得到晋升，被赋予了新的职责
- 管理层从错误和失败中学到了宝贵的经验
- 救星这个品牌焕然一新——直到今天，仍在很好地服务顾客

## 要多大胆？

你的想法要多大胆才算足够？问我这个问题也许并不合适。

我所见过的最大胆的想法之一是一项比萨保温新技术。原型机看起来就像是一个六年级学生的科技项目作品——所有的线都露在外面，全靠胶带固定。真是需要很丰富的想象力才能看出它是用来干什么的。

这项创新技术其实是一个保温盘，只要将其装入比萨外卖袋里，它就能让比萨保持刚出炉的温度，直到送达你家门口。而外卖送餐员回到店里后，只需把盘子插到墙上就能加热，为下一次外卖派送做好准备。

发明者认为，在外卖到家前一直把比萨保持在刚出炉的温度会是一项有吸引力和竞争力的产品优势。

我同意他的观点。而我当时的工作职责就是负责达美乐比萨的营销和创新。我当时疯狂的想法是……

达美乐曾创立过比萨30分钟到家的项目——所有比萨都将在30分钟内派送到家，逾时将免费赠送。而一次复杂的诉讼终结了这次承诺30分钟送达的项目。

达美乐比萨还恶评在外：品质跟不上——人们称它为“大学时期吃的纸板比萨”。简直找不到要买它的理由。

当时我们刚刚投资了一个产品改进项目，提升饼底的味道。但还没有找到大胆的新想法能够填补“超过30分钟即免费”那个著名项目的损失。

在看到这个有如六年级学生科学课作业的设计原型时，我找到了答案。于是我大胆地把这个保温外卖包当成创意向达美乐高层汇报——同时解释了我们可以用来打败竞争对手的保温优势——以及可以保证我们改进过的新比萨以刚出炉的温度送达顾客家门口的优势。

同僚当时肯定认为我病得不轻。

供应链总监担心的是这种新设备要怎么制造，故障率会有多高。运营总监顾虑的是它可能太复杂了，无法在门店广泛应用。财务总监根本不相信这次投资能回本。加盟管理总监笃定，加盟商们肯定不愿意出钱购买这项新设备。

---

**反思 29：阻碍你实现组织伟大目标的因素有哪些？你担心别人会觉得你的项目太疯狂吗？你会因为自己可能失败而倍感压力吗？**

---

我把这个大胆的想法向管理层和CEO汤姆·莫纳根汇报了

7次。

他们用各种各样的理由拒绝了7次。

在某次与汤姆·莫纳根的私下谈话中，我们找到了作为团队必须要回答的那个问题："要是必胜客先使用了能够保持口味和温度的保温外卖包，我们该怎么办？到时加盟商们会怎么说？"

而大胆的企业家汤姆是这么回答的："我们必须启用保温外卖包——我们要做第一家。"

自那天起，达美乐热浪包就诞生了，并且几个月的时间内铺遍了全国。这项技术很新，还不完善。这次的推广如我许多同僚预测的一样，一路磕磕碰碰，花了不少冤枉钱。但汤姆同意推广热浪包的这个大胆决定带来了之后5年间达美乐销量和市场占有率的不断提升。直至今天，这在为达美乐比萨店主和顾客们提供周到服务方面，仍然是一项很有竞争力的优势。

## 不成功便成仁

我这人有点怪，只想做大事，又大又难的事。也许这是因为我当智囊团当习惯了，也许是因为我钟爱反败为胜，也许这反映了我对于慢慢地努力完全没有耐心。

我坚信的是：我想做重要的事，不成功便成仁。

在这个问题上，肯定不止我一人这么想。我认为被管理的人们也想做重要的事。我认为，大家也许宁愿尝试一些大胆、令人兴奋的事情而失败，也不愿意毫无挑战。

为员工和公司提出伟大的目标是管理层的职责。没有目标，就服务不好大家。但我要警告大家，大胆勇敢的领导者也许得不到太多共鸣。

在商业世界里，许多人都认为大胆的领导者是怪人，甚至有点疯。人们会说你缺乏实战经验，你也许会把预算和一些日常的流程性质的事情搞砸。人们总是随便就能找到好多理由，说明你的想法会在“现实”的世界一败涂地。人们会指责你对财务缺乏责任感。大胆思考的路上满是怀疑者和反对者。

在做到改变组织，为疲软的品牌注入生机或救活一个业绩不佳的团队之前，喝彩的人绝对不会出现。但只要做到了，每个人都会欢呼这个大胆的想法拯救了大家。

如果你是一位大胆的领导者，那你就会为了众人和公司心怀宏愿，你的勇气和信心，还有你的想法就不会让大家一事无成。

反思 30：你已为团队构筑好，但团队目前仍不知道应该如何实现的伟大目标，究竟是什么？

在本章开始时，我说到参与一些需要直面生死的极限运动会使人出现积极的转变。由于这样的经历能让我们意识到自己无法控制所有后果，它能使我们变得勇敢的同时也更加谦逊。

如果你选择为大家和公司构筑大胆目标，你就会变得勇敢，同时也因一路上学到的经验而变得谦逊。

勇于服务的领导方式对于领导者和追随者而言都是一场变革。在冒险的过程中，领导者和团队都得以成长——一旦成功，他们就会感受到新的信心，对团队抱有更大的责任感。他们是赢家，但又谦逊地意识到，光靠自己不可能取得这样的胜利。

当一个大胆而勇敢的领导者，服务他人。

# 七

## 明确目标

大概10年前，我有点沉迷领导力研究，开始逢人就问：“你为什么要工作？”

我看得出来，他们在努力搜寻一个我喜欢听的答案。因为我们被问了一个问题之后，也会是同样的反映——尽量给出正确的答案。

因此他们会尽量镇静地说出感觉正确的答案——“我工作是为了送孩子们上大学”，“我工作是为了养家糊口”，“我工作是为了赡养我妈妈”。

这都是很正确的回应，有些甚至可谓是高尚的。

但这些答案侧面说明了这些人其实在这个问题上，并没有真正的答案。

尴尬的沉默。我能感觉到他们在思考，要是我的工作没有目的怎么办？要是我的工作没有意义怎么办？

所以我换了个问法——“你周末过得怎么样？”

最后，我终于遇到了一个人，他没有被“你为什么工作”这个问题难住。

这个人就是克里斯。他是我的发型师。

克里斯请我坐下。他对我的日常生活很感兴趣。他给我做颈部按摩，问我对上次发型感觉如何，询问我有没有哪里要改变一下？在克里斯和我打趣聊天的45分钟里，现实世界的紧张和压力都烟消云散了。我感觉好多了。我跟他开玩笑说，恨不能每天都到他这里来一趟。

当我问克里斯“你为什么工作”时，他答道：

“我二十几岁的时候沉醉于各种派对，没上过大学，没有职业规划。我享受生活——和朋友们打球，出去玩。

“父母一直问我有什么人生计划，但我没太上心。然后我爱上一个女孩，她想知道我有什么人生计划。这时我才觉得，自己最好得有个计划了。

“朋友建议我去上个美发学校，靠剪发生活。

“在美发学校里，我发现了自己在这方面的天赋。随着学习，我的技术不断提高。我发现自己喜欢这份工作的原因在于……

“一位女士坐在我前面——通常对自己的造型不满意，压力也很大，需要被人鼓励。她需要焕然一新地面对新的一天。

“让她焕发生机，我开始以此作为自己的目标。在我的颈部按摩过后，她放松了下来。我看到我给她洗头发的时候，她有多享受。我看到她如何一步步打开心扉，给我讲述她的生活。我会找些机会告诉她，和她聊天很有意思。我努力工作，只为给她做一个完美造型——不管她是否要去赴一个重要的约会。在她离开椅子时，我希望她对自己有不一样的感觉。

“每一天我都有机会鼓舞女性——鼓励她们，让她们感觉自己很美。她们离开椅子时是自信的，走的每一步都生机灵动。看着这一切，真是太让人高兴了。”

克里斯清楚地知道自己在从事什么样的工作。他知道自己为什么要成为一名发型师。他有目标。

这个目标为他的客户提供了周到的服务——也服务了克里斯。克里斯是亚特兰大最受欢迎的美发沙龙里顶级的发型师。他的预约从早到晚都被排得满满的，而且总能收到慷慨的小费。他挣钱不少，生活也美满。

---

**反思 31：你为什么工作？除了养家糊口以外，还有别的目的吗？**

---

大多数的发型师周六都不休息，有些周日也上班，还有一些节假日的前一天晚上也上班。克里斯不是，他只在周一到周五，工作日上班。然而他日程总是排得满满的，许多女士愿意等上好几天，只为见上克里斯一面。

他服务别人。他有目标。他表现卓越。

## 厘清目标

在帮助别人找到他们工作的目标之前，你先得找到自己工作的目标。要知道，厘清自己的目标可比帮别人找到目标难多了。

有些人说，年纪大的人会比较容易找到自己的目标。又有一些人认为，年纪小的人更容易。据我观察，不管你年纪大小，经历多少，找到个人目标仍然是一件难事。这需要坦诚的自我评估，需要以一定的透明度与大家分享。而最难的是，它让我们在人前感到脆弱，易受伤害——这种感觉让人难受。

我的建议是什么？克服一切困难，厘清自己的目标。个中益处可比风险大太多了。

## 审视你的生活

我相信每个生命都有一个主题。有时要发现这个主题得花很长时间，但如果我们停下来，回头看看以往，答案就会自动出现在我们生命中的故事里。

对于我个人而言，领导力就是我生命的主题。从我的生命故事里你就能听出来。

---

**反思 32：回顾你的人生，看到了什么样的主题？你会如何使用这些经验，为你的团队带来积极的影响？**

---

从家里的领导者们，包括祖父母和父母为我讲述他们的管理经验开始，我就接触到了领导力。从为家庭聚会组织游戏之夜中，我的管理技能得到了锻炼。从倾听爸爸的故事中，我学到了管理知识。作为四个孩子中的老大，我不断地实践着管理技巧。

在工作中，我的管理能力随着从宝洁到吉列，再到纳贝斯克的职位变化而逐步成长。在为杰出企业家汤姆·莫纳根工作期间，我还学到了许多管理经验。

作为三个孩子的母亲，生活的欢乐与考验升华了我的领导力。

如果不停下来，回顾我们的生活，就有可能错失生命的主题。这个主题能带领我们清晰找到自己作为领导者这一角色的目标。

回顾你的人生经历，锁定那些在此过程中反复出现的主题。

## 选择你的价值观

我还没有遇到人说“我没有价值观”。同时，我也很少遇到人能告诉我，他们的价值观是什么，以及这些价值观对他们的日常工作有哪些影响。

你的价值观是什么？

大多数人会迅速列出几条高尚的价值观。但如果我问你以下问题，你难免要愣住想一想：你有没有应用这些价值观来组织工作中的决策和行动？还是说你的价值观在日常工作中作用并不明显？它们是不是像你的志向一般，通日枯坐后方，只待时间长了自证其用？

要在工作中服务他人，我们需要花更多的精力去思考那些管理我们日常工作的价值观。

反思 33：你最首要的价值观对于团队和组织的业绩有何帮助？在别人的脑海中，你希望自己是一个什么样的形象？

---

有许多练习能帮助你更好地理解自己的价值观。如我们在第三章里提到过的麦斯威尔公司开发的简单工具，共34张，每张描述了一条价值取向，可以帮助你轻易厘清哪些对你来说是最重要的。

你的任务是：确定三条你想在工作中向他人展示出的价值取向。三条你希望让别人感觉你能说到做到的价值取向。三条你希望有朝一日你离开公司后，仍被人记住的三条价值取向。

对于我个人来说，除了信仰和家庭，对我的管理方式影响最深的三个价值取向是：

- 影响——我希望能给我的追随者的生活带来不一样的东西。
- 统一——我希望自己的日常行为与我的核心价值观一致。
- 学习——我绝不停止成长，绝不放弃学习新事物。

我并非只有这些价值取向——也不是“最好”的价值取向。只是说，我希望在自己的管理方式中贯彻这三种价值取向。

你的会是什么呢？

## 识别你的天赋

厘清工作目标始于挖掘自身优势与天赋的内心历程。我的发型师克里斯发现了自己在剪发方面的天赋。你的天赋也许在教学、创新思维、关注他人需求或提供高见等方面。

马库斯·白金汉和唐纳德·克里夫顿有一本里程碑式的著作叫《现在，发现你的优势》，书中设定了这样的一个假设：你有很多优势——发现他们，并将他们应用于你的工作之中，为你的团队和组织提供最好的服务。

然而公司并不会和你讨论你的优势。传统的年度绩效评估通常是花一个时间来讨论你的劣势，美其名曰“提高空间”。这种反馈令人沮丧心烦。

---

反思 34：你用于为组织服务的显著优势有哪些？在你目前的角色中，你都用到了吗？

---

我在几年前关于这个话题的一次演讲中听到了这样的说法——“你可以花一生的时间去改进自己的短处，然后仅仅收获15%的提升。”我记不起讲者的姓名了，却忘不了这些话。

讲者继续说道：“而花一生时间去发挥自己的长处，你的贡献将会成倍地增长。”

这对于工作来说是一种颠覆性的思维。为了了解自己工作的目标，你必须发现自己独特的优势，然后在你之后的工作中为公司发挥这些优势。那就是你人生的意义。别的路都会异常艰辛，让人沮丧。

能帮助你找到自己最重要优势的评估手段有很多——我最喜欢的是“优势识别器”和“优势角色”。只需10或15美元，你就能在线完成这些评估，几分钟之内就能弄清楚你最突出的5项优势或最显著的两个优势角色了。我建议你们今天就去试试。

识别你的优势，并为组织贡献你的优势。

## 写下你的目标

随着对自己人生经历、价值取向和优势的理解不断加深，你就可以把这些整合到一起，写出自己的目标了。

你的个人目标要以一到两句话来表明你是谁、要如何服务他人。以下是一些例子：

- “在我的团队中建立起社区意识，让工作变得既有意义又有趣味。”
- “在任何能贡献价值之处，作为一个值得信赖的顾问服务众人。”
- “让他人拥有尊严——意识到他们的生命很有意义。”
- “教导他人有创造性地解决那些他们一直在逃避的问题。”

当你找到了自己的目标后，每天工作的理由就非常充足了——花时间管理团队也有了充足的理由。当你了解了自己的目标，你就有办法衡量自己正在做的事情是不是最重要的。没有目标，你就会挣扎于找到自己所做事情是否有意义。工作的目标仅沦为一张工资单。

最重要的是，如果你工作的目标与服务他人无关——大家都会知道的。不管你自己有没有意识到，别人对你的动机是一清二楚的。

没有个人目标的领导者只会把团队带上一段没有目的，毫无意义的旅程。而你能创造出来的工作环境亦无不同，一段毫无意义的旅程……

那是不是你一直期待的自己领导力能带来的影响呢?

只有你能改变追随者产出的结果。只有你能决定自己的目标，将其定位在服务他人上。

---

**反思 35：你能在什么时候腾出时间来，明确自己的目标，将其定位在服务他人上?**

---

您可以在www.daretoserveleaders.com找到关于确定个人目标的练习。在第三章也有一份模板，长度为一页（请见寻找个人目标练习4）。

## 验证你的目标

许多人曾问我，如何确定自己的目标是“真的”呢？从多次讨论中，我们找到了许多方法，能够验证你个人目标到底是否真实可靠：

真实性测试：找到了解你的人，把你的人生经历、价值取向、优势天赋和个人目标告诉他们。问问他们，这个目标能否反映你的本质，是不是代表了一个真实的你？

其他测试：问问自己："如果我这么管理，被管理的人会更好一些吗？"管理思维应与你如何服务他人有关。如果你的目标只关注了自己，请注意修改。

行动测试：问问自己："既然定义了自己的目标，我到底做出了哪些改变，并将此充分展现给被管理者呢？"如果你无法明确3个以上、基于个人目标而采取的具体行动步骤，请回过头来修改目标，使其足够清晰明确、能引导你做出具体的行动方案来。

100天测试：坚持你的个人目标行动方案100天。然后停下来回顾你的目标。它准确吗？能不能反映一个真实的你？有没有什么你要微调的地方？酌情修改，再试100天。

在以上各个测试中，行动测试是最重要的。要想让你的个人目标对别人的生活产生影响，那就必须在日常生活和工作中践行它。根据个人目标，整理你的日程安排。在每天或每周结束前，问问自己："这星期，我有没有贯彻自己的目标？有什么能够佐证的例子？我有没有因为太忙或被别的事情分心，错失良机？"

## 目标的重点

你不是重点。

**华理克**（Rick Warren）
**《标杆人生》**（*The Purpose Driven Life*）

我理解你如今的处境。我曾经也是一个没有个人目标的领导者。我也曾在没有明确服务他人的目标前提下，带领团队数十年。

然而，经历了一段时间的挣扎与反省，我读了一本书，叫《标杆人生》。它的第一段就警醒了我：你之所以被提升为领导者，是为了他人，而不是为了你——它从此改变了我的管理方式。

目标的重点在于定义你服务他人的方式。如果你没打算要服务他人，那就不需要目标了。

如果你决意服务，个人目标就会确定你的管理重点。

就目前的角色而言，我的个人目标应总结如下：激励受目标驱动的领导者在人生的各个方面展现出他们的能力与个性。

这个目标是我用来决定如何在管理团队与工作中分配时间的筛选器。以下是我重心调整的一些方面：

- 现在，我每周一和周二都会专注于为那些直接向我汇报的派派思管理层进行一对一辅导。
- 每六个月我就会指派一位副总裁级的领导者，让其自选主题，组织6次90分钟的培训会。
- 我探访餐厅的重点落在认识餐厅主管，致力于发现公司如何能更好地为他们服务。
- 受邀进行公开演讲时，我只谈论领导力这一话题。

目标帮我决定什么应该同意，什么应该拒绝。

因为一直在做自己最关注的事，所以我比以前任何时候都更热爱工作了。同时也因为我只专注于对他人生活造成影响的事情，我感觉到自己的生活更有意义了。

目标引导我在工作中建立起更深厚更广泛的人际关系。和大家一样，我把一天大部分清醒的时间都用在了工作上。通过有意地发掘未来领袖，我有机会与派派思管理层和特许经营商们建立起了有意义的关系。

对我个人而言，目标最令人吃惊的效果在于它改变了我管理团队时的表现。与职业生涯中的其他经历相比，我至今在派派思取得的业绩是最为突出的。我谦卑地意识到，自己花了多长时间，才学会了这一课。

反思 36：你的个人目标对自己的人生轨迹有何影响？

人生没有目标、缺乏影响力、没有意义都是让灵魂受困的最大原因。难道这些不是让我们最害怕的事情吗？

- 没人会记得我们？
- 我们的生活无法改变？
- 走到生命尽头，我们环顾四周，喃喃自语，“这都有什么意义呢？”

我们默默地对灵魂说道，“请别让这一切发生”。

从2001年到2009年，我的人生遭受了一系列教训。没有什么事情能比人生低谷时遭受的教训更让人刻骨铭心了。我被诊断出患有1期乳腺癌，我被辞退了，与家里最小的孩子爆发了叛逆期冲突，而我的人生导师——我的父亲去世了。

这些事件综合到一起，让我开始挖掘自己在管理工作中更深层次的目标。我决定要以不同的方式做好领导者的角色，让我变得更有勇气，变得更谦逊。

不要等着让坏消息来坚定你的管理信念。目标可以改变人们的重心、能力和表现。

明确目标也能改变你。

# 八

## 远离聚光灯

生命中有很多事，我明知道它是有效和正确的，却仍然不会去做。

我知道把生活打理得井然有序会让人更有效率。但我并没有在意到非这么做不可，凌乱的书桌和壁橱也没那么让我心烦。

我知道预算是很有用的。但我并没有认为事事都得做预算。对于我来说，只需要知道银行账户里还有钱就够了。

同样的，你确实正在学习能带来优秀业绩的管理团队的方式，但是你很有可能不遵照我的建议执行。

这都归结于你是不是对此有足够的信念，非得这么做不可。信念对个人来说是至关重要的，一旦遭受侵扰，就能让人烦恼痛苦。你会变得焦虑，甚至生气起来。你希望立即采取行动，扭转形势。

哪些信念能让你如此执着，足以改变你的管理方式呢？

据我观察，勇于服务的领导者是按这三个核心信念来行动的：尊重、负责和谦逊。事实上，只要这几条信念被触犯了，领导者就会非常恼火并迅速地调整自己的行为。这些信念很难被人教会，因为它们都是来自灵魂深处的。

审视你的灵魂，找到那些根深蒂固的信念是作为一名领导者必须要做的事。

## 尊重

人无尊严，何谈为人。

**劳拉·希伦布兰德（Laura Hillenbrand）**
**《坚不可摧》（*Unbroken*）**

战俘的故事既令人心碎，又激人奋发。我们心碎是因为那些为了击溃战俘尊严而横加的恶行。然而我们又听到了那些坚韧不拔的事迹。他们通过高度专注、冥想或祈祷、锻炼，以及与狱友交流，保持了人格独立。他们的尊严幸存下来了。他们的故事令人惊叹。

在这种极端环境中，我们认为每个人都应该得到尊重，毫无异议。

不幸的是，在普通的工作环境中，我们就没那么关注人的尊严了。不愿花时间倾听别人的声音，对别人不完美的地方缺乏耐心。我们期待别人能聆听我们的问题和想法，但对他们的问题和想法却没有兴趣。在极端的环境下，我们羞辱别人，公开批评，让人尴尬，开那些伤人的玩笑。

勇于服务的领导者非常注重维护团队成员的尊严。这种信念从他们每天的行为里就能看出来。

他们奉行的原则很简单，黄金法则：你想让别人怎么对待你，就怎么对待别人。

这条法则适用于各种情形。试试你把自己的日常放进“你想让别人怎么对待你”的过滤器里筛选一遍，难道你不想被人聆听吗？难道你不希望老板包容你的不完美吗？难道你不希望他们花时间来给你一份真实的反馈和清晰的发展计划吗？

更极端一点，当你的表现没能达到期望时，难道你不希望借用一下黄金法则吗？难道你不想知道自己的处境吗？

---

反思 37：你能坚持尊重自己带领的每一个人吗？即使在极端的情形下也能坚持吗？黄金法则会成为衡量你工作有效性的一个核心标准吗？

---

每一个人都值得被尊重，表现不好的人也不例外。在谈论有待提高的工作能力和工作态度时，每人都应当拥有一个私密的环境，不该当众受责。每人都应当得到一些周到、具体的事例说明，帮助他们理解问题所在。每人都应当享有吸收反馈和自行改进的时间。如果他们明显不适合所在的岗位，那也应该得到帮助：理解自身有何优势，怎样能在其他岗位上做出自己的贡献。

大多数的领导者都声称自己把尊重他人看得很重要，然而在工作的压力下迅速抛弃了这一点的人也是不胜其数。

沉迷聚光灯的领导者甚至会以无视或贬低他人这种非常规的方式，来保持自己的曝光度。

反过来，如果你能应用黄金法则，以自己希望别人对待你的方式来对待别人，就能走到聚光灯外，更好地为团队服务。

勇于服务的领导者将每一个个体都视为独特而有价值的人，值得被尊重。而他们也做到了这一点。

## 负责

一个人成熟的特点就是会对他人负责……

**潘霍华**（Dietrich Bonhoeffer）

在成为勇于服务的领导者过程中，我还见证过另一块绊脚石——个人责任的缺失。有些人认为人生亏欠自己，或喜欢把自己的责任推卸到别人身上，这种人很难把别人服务好。“别人”仿佛根本没在他们的关注范围之内。

你在现实世界中也见识过这两种截然不同的人。两个孩子都是在同一个家庭里长大的，父母终日“游手好闲”。其中一个孩子誓要改变命运，后来成了杰出商人、社区领袖，家庭美满，子女幸福。而另一个孩子重蹈覆辙，成了另一个“游手好闲”的家长。两人的区别在哪里？是否为自己的处境负责。是关注他人，还是只关注自己。

领导者也同样存在这样的情况。有些人对自己的管理工作负责，致力于更好地造福于人。有些人则从不承担责任，依然沉醉在聚光灯下。

对于领导者而言，个人责任缺失正是自私自利的另一种形式。以受害者自居的领导者眼里只有自己的困难，把问题归咎于周围所有人。这种思维方式蒙蔽了领导者的双眼，无法正视事实，不能意识到他们要服务的对象也有自己需要解决的问题。这样的领导者在培养起自我改进的个人责任感和对他人的同情心之前，是无法服务好他人的。

勇于服务的领导者是这样的：为了服务好其他人，就应该勤照镜子——看到自己的不足，做出必要的改变。这么做是你的个人责任。你若不能对自己负责，就不可能有服务他人的能力。

我高中时父亲说："18岁以后，你就要负责自己的医疗费用了"。

勇于服务的领导者认为自我提升是个人的责任。他们每日自省。他们知道自己不完美，从而建立起对待他人时的同理心。

有一个很好的工具能让你诚恳面对自己。它叫责任阶梯，由赛恩·德莱尼（Senn Delaney）咨询公司研发。这是一种结构式方法论，能帮助你从无意识的受害者型思维方式中脱离出来，转变成能完全独立承担未来责任的人。

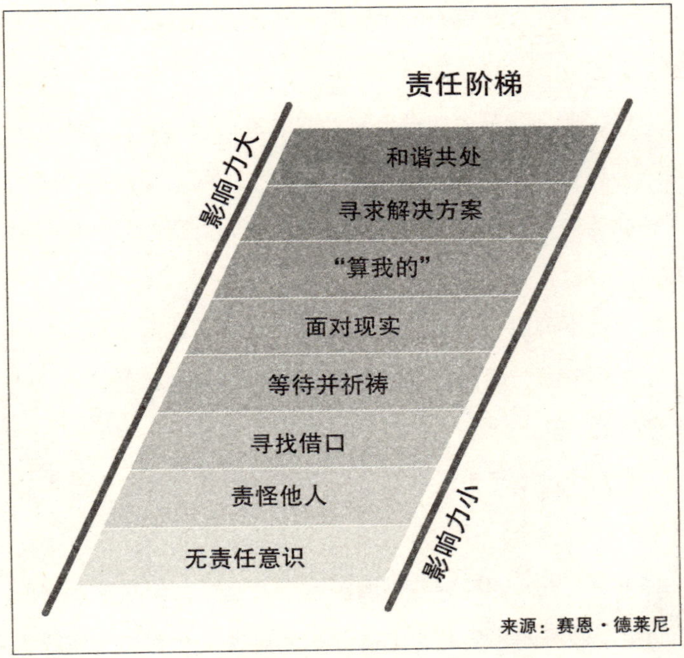


要怎么看呢？你要从“梯子”的底部开始，把自己劝出责怪他人/我是受害者的状况。下面是一个例子，告诉你应该如何使用责任阶梯，逐渐从底层爬到顶部：

我儿时的家庭情况完全是不健康的（无责任意识）。

我的父母应该做得更好才对（责怪他人）。

要是他们能做得更好，我可能就会更优秀（寻找借口）。

那就是我工作没能晋升的原因（等待并祈祷）。

但我发现，和我有相似背景的人最近晋升了（面对现实）。

也许，要是我努力加强与别人的关系，我也能晋升（“算我的”）。

我准备去找关系最好的同事，问问他们，我要怎么加强人际关系（寻求解决方案）。

我准备不再担心能不能晋升的事了，而是着重加强工作中的人际关系。那样能提高我的业绩，最终能承担起更多的责任（和谐共处）。

这个人通过使用责任阶梯，从一个无影响力的受害者提升成了一个拥有机会、顺势而为的人。

缺失个人责任的领导者仍旧沉迷于聚光灯，无法服务好他人。而勇于服务的领导者，也需要凭镜自省，对所处的环境负责，并且把寻找解决问题的方案以及更好的机会作为自己的责任，否则同样无法服务他人。

---

反思 38：你停留在责任阶梯的哪一层？作为领导者，你要做什么来提升自己的个人责任感？

---

## 谦逊

谦逊不是妄自菲薄，而是少为自己考虑一些。

**华理克（Rick Warren）**
**《标杆人生》（*The Purpose Driven Life*）**

我曾接受过一个餐饮公司管理职位的面试。面试官是公司的高级主管，他问到了我的管理方法。我说会培养有自我协调意识的高素质人才队伍，因为我认为谦逊的管理方式会带来更融洽的团队合作和更好的业绩。面试官当时就从椅子上蹦了起来，说“在这里行不通”。不用说，我自然没有得到这份工作。

与此形成鲜明对比的是，我记得一个上司向我说过，C.S.刘易斯的《返璞归真》中有一章的内容给他带来了深远的影响。那一章的名字叫“大罪”，其中的话题是：骄傲。

我当晚回到家就看了那一章。随着时间的推移，我渐渐明白每个人的心中都有着以自我为中心的骄傲。谦逊对于谁来说，都并非生而有之。

我们这种以自我为中心的天性可以从一个两岁小孩的身上就能看出来，因为妈妈不给买糖，她就在杂货店的结账处滚地哭喊，攥紧拳头使劲尖叫。孩子得不到想要的东西，就会大发脾气。

作为成人，我们心里也有一个两岁小孩。我们知道自己想要什么，什么时候想要；当我们用自己的办法得不到时，就会沮丧、烦恼，甚至生气。滚地哭喊尖叫已经不合适了——但我们经常也是想这么干的。

我们可能一辈子也达不到真正的谦逊——但是我相信伟大的领导者总是希望自己能更谦逊一些。谦逊不是软弱，它只是少去考虑自己的需求——而更多地考虑别人的需求。当做到这一点时，我们就能走到聚光灯外，更好地服务他人。

勇于服务的领导者把谦逊看得很重要，但也承认，要做到谦逊很难。正如C.S.刘易斯写道，“我希望自己能再谦逊一点”。

我同意他的观点。大多数时间里，我都不够谦逊。但我知道这是真理：追随者喜欢谦逊的领导者——有能力承认错误与道歉、在困难的时候也会脆弱的领导者，为别人考虑多于为自己考虑的领导者。

---

反思 39：回想一个你由衷敬佩的谦逊的领导者。你想把这个人身上的哪些特质体现在自己的管理方式里?

---

避免被困于聚光灯下。有意识地走到聚光灯外，看看这会对你服务他人带来什么样的影响。

在职业生涯的早期，我参加过一个为期两天，关于时间管理技巧的研讨会。晚上打电话回家时，我三岁的女儿凯蒂接了电话。出于某种原因，我开始很兴奋地与她分享了我当天学到的感觉能改变自己一辈子的东西。

凯蒂听了我的想法，然后也与我分享了她当天最精彩的事情作为回应，“妈妈，今天我在暑期圣经学校学到了这句话，‘既然知道了，那你这么做的时候，就会受到祝福’”。

凯蒂的话每天都会在我的耳边响起。

走到聚光灯外。注意尊重他人、对自己负责和谦逊，这些都是服务好他人的必备信念。然而，知道是一回事，做起来可就难得多。

但是选择勇于服务之路，就会得到祝福。

# 行动起来

> 领导者需由别的领导者来成就，然后再由别的领导者来完善，继而成就更多未来的领导者。
>
> 阿尔伯特·莫勒（Albert Mohler）
> 《领导的信念》（*The Conviction to Lead*）

当你想到要走出聚光灯外时，会不会觉得焦虑？你会担心因此而错过声名鹊起或大发横财的机会吗？你会害怕因此变成那种“一事无成的好人”吗？

作为一个团队管理者，把自己带离聚光灯就是最伟大的壮举。

这比蹦极更难。

这需要你鼓起所有的勇气。

这说不定什么时候就会失败。

勇于服务是一种极限运动。它需要勇气——也会为我们带来谦逊作为回报。

勇于服务的领导者既有能引导众人实现宏伟目标的勇敢，也有全程为他人无私奉献的谦逊。而这种勇敢与谦逊之间的动态平衡，正好创造了成就卓越的环境。

这是勇敢者的游戏。

仔细想想……

你被赋予了领导者的角色。这个角色随之带来的是巨大的影响力和责任。

你所在乎的人都在等待、期盼和祈祷着你会变成一个更伟大的领导者。

那么当他们想到你的管理方式时，是会失望，还是高兴？

## 领导的影响力

> 影响力是衡量领导力的真正标准，此外无他。
>
> **约翰·麦斯威尔（John Maxwell）**

今天一早我就接到了一位好友的电话，他也是我的好导师、好顾问。他问我，“谢丽尔，你想过自己的影响力吗？”

我想，“没有，今天早上还没想过。我这还在喝第一杯咖啡呢。”

然后他说：“以派派思员工数量乘以一周工作的小时数，然后再乘以一年的周数。”

现在我脑筋打结了。必须再来点咖啡。

“你的影响力比自己想象的要大得多。你曾好好地利用这些影响力吗？”

来做一道数学题：

如果你管理着5位全职员工，在未来的一年里，你将有10000小时的影响时间。这5人与你相处的时间，有可能比他们与自己父母、配偶、老师、邻居或孩子在一起的时间都长。

而如果你管理着50位全职员工，在未来一年里，你将有100000小时的影响时间。

---

反思 40：你要如何使用自己被赋予的影响力？你愿意用在服务他人上吗？

---

而如果你管理着500位全职员工，在未来一年里，你将有

1000000小时的影响时间。

我的朋友说得很对。每一位领导者都有指数级的影响力。

## 领导者的仆从之路

商业领导者日渐成了文明世界的仆从。

**麦克斯·斯塔克豪斯博士（Dr. Max I. Stackhouse）**
**《道德经营》（*On Moral Business*）**

斯塔克豪斯博士在他的书《道德经营》中讲道，传统世界的设定，诸如政府、家庭、教育、宗教等，都带来了好的影响。如果文明世界的仆从之职如今要落到商业领导者的肩上，那会怎么样？我们能胜任吗？

商业在当今世界里有着举足轻重的地位，它能推动发展中国家的经济增长，为未来领导们提供生活和工作的技能。与此影响力并行的是对道德的要求，要求它能为人们和组织提供周全的服务。

为世界未来领袖服务就是一个重大的责任。

从最基础的层面想想领导者这个角色。在派派思，我们很多的餐厅都是迷你联合国，不同的种族和文化相互融合，一起站在柜台后面工作。放眼世界，这些人所代表的国家有时还在彼此交战——但在餐厅里他们不会；只要领导者能提供周全服务，他们就会努力工作。

你的管理行为能让别人的生活变得更好，也能让人毫无改变，还能非常遗憾地让他们越过越差。

- 结果会是哪一种呢？
- 你要做几个重要的决定。
- 你愿意把谦逊地为他人服务放在个人利益之前吗？
- 你愿意追求有利于众人的伟大目标吗？
- 你愿意帮助大家找到他们工作的意义和目标吗？
- 你愿意教会大家服务他人的指导原则吗？

在现在的世界里，这样的领导者供不应求。从许多组织和机构惨淡的业绩里，你就能发现这一点。

我们还没有足够多勇于服务的领导者来经营跨国企业。我们还没有足够多勇于服务的领导者来创建和经营小企业。我们还没有足够多勇于服务的领导者来管理其他的机构，如政府、教育、艺术和慈善组织等。

如果有了足够的勇于服务的领导者，世界经济将以惊人的速度增长。世界的问题都将得到解决。大家都将得到周全的服务，做出的业绩也将令人惊叹。

世界需要你成为一名勇于服务的领导者。然后把经验传授给更多的人。

能把未来交予你们手上，我非常激动。

要记得，我是一个乐观主义者。我相信你会选择影响他人，为他人和组织提供周全的服务。我相信你会走出聚光灯外，勇于服务。

我希望你能拥有伟大的勇气和深深的谦逊。

而且我向你保证，如果你将所学之事付诸行动，就能得到祝福。

而且追随你的人也将得到祝福……世世代代。

# 勇于服务的反思

## 第一部分：如何成就卓越

### 第一章：我们要服务谁?

1：你如何看待自己的团队成员？他们是“讨厌鬼”还是成就团队优秀业绩时不可或缺的一分子?

2：想想以前恼火的上司们。你有没有下定决心，不像“他们”那样管理团队?

3：你所服务的对象里，谁最重要——股东、上司、顾客还是员工?

4：你所管理的团队身上，有哪些你喜欢的特质?

5：如何从服务对象处收集到有意义的反馈?

**第二章：何为大胆的目标?**

6：你为团队和组织树立了怎样的大胆目标？保障团队达成目标的策略是什么？

7：要想让你的组织取得更好的业绩，必须要解决哪几项关键问题？

8：为了达成大胆的目标，你有没有争取到所需的资源？

9：为了营造出能引导团队产出最佳业绩的工作环境，你都做了哪些事？

10：在你的组织里，衡量进展的指标和里程碑事件都有哪些？你的决策是基于数据的吗？

**第三章：为什么要从事这份工作?**

11：你对自己的团队成员有多了解？你知道对他们人生影响最大的三四件事吗？

12：如果你知道哪10样东西对于团队成员来说最为重要，你会怎样更加有效地管理并带领他们？

13：管理层的人很容易说出团队成员的不足所在。但你能说出自己团队成员的优势和天赋吗？你能让他们最大限度地发挥个人所长吗？

14：如果你帮助团队成员发掘并追求他们的个人目标，会发生什么样的事情？他们对团队业绩能有怎样不同的贡献？

### 第四章：如何通力合作?

15：你所在组织的原则是什么？团队的日常行动是否遵循这些原则？

16：你和你的团队在平时展现出激情了吗？

17：你和你的团队是否能对自己服务的对象做到认真聆听、不断学习？

18：你们用什么流程收集和分析事实？你们用什么流程规划未来？

20：你如何保持团队的责任心、防止成员产生自怨自艾或相互指责的行为？你的团队是如何协助你做到独立负责的？

21：你和你的团队如何在每天的行动里践行谦逊？

## 第二部分：如何成为勇于服务的领导者

### 第五章：选择服务他人

22：你最好的老板是谁？你最差劲的老板是谁？谁让你取得了最好的成绩？为什么？

23：如果把自己每天的行为用服务他人的过滤器筛选一遍，会有什么不同？

24：你如何使用职位带来的权力：为个人利益服务还是

为他人和组织服务？

25：你人生中最重要的成就是什么？它是你的个人成就，还是团队的整体成就？

26：你所拥有的是为自己利益服务的雄心，还是为团队众人服务的志向？

## 第六章：要大胆 要勇敢

27：你为组织定下的伟大目标对于提高团队能力、丰富团队经验有何帮助？

28：想想自己曾参与过的一个大胆的想法。它对你之后的管理方式发展有怎样的帮助？

29：阻碍你实现组织伟大目标的因素有哪些？你担心别人会觉得你的项目太疯狂吗？你会因为自己可能失败而倍感压力吗？

30：你已为团队构筑好，而团队目前还不知道应该如何实现的伟大目标，是什么？

## 第七章：明确目标

31：你为什么工作？除了养家糊口以外，还有别的目的吗？

32：回顾你的人生，看到了什么样的主题？你会如何使用这些经验，为你的团队带来积极的影响？

33：你最首要的价值观对于团队和组织的业绩有何帮助？在别人的脑海中，你希望自己是一个什么样的形象？

34：你用于为组织服务的显著优势有哪些？在你目前的角色中，你都用到了吗？

35：你能在什么时候腾出时间来，明确自己的目标，将其定位在服务他人上？

36：你的个人目标对自己的人生轨迹有何影响？

## 第八章：远离聚光灯

37：你能坚持尊重自己带领的每一个人吗？即使在极端的情形下也能坚持吗？黄金法则会成为衡量你工作有效性的一个核心标准吗？

38：你停留在责任阶梯的哪一层？作为领导者，你要做什么来提升自己的个人责任感？

39：回想一个你由衷敬佩的谦逊的领导者。你想把这个人身上的哪些特质体现在自己的管理方式里？

## 行动起来

40：你要如何使用自己被赋予的影响力？你愿意用在服务他人上吗？

# 后记

丈夫与我去参加女儿三年级家长会时，老师看着我们，非常严肃地说："我不知道特蕾西长大后会做什么，但她肯定是掌舵的人。"那一刻，我第一次感受到我母亲的人生。她养育了4个孩子，而且我们最后都掌管了某些事情。

我开始相信每个人的生命都有一个主题，虽然有时得花很长时间才能明白它是什么。在这一点上，我想我可以肯定地说，我的生命主题就是领导和管理。

在我人生的第一篇章里，这个主题是由我家庭里的领导者们表达出来的——我的祖父母与父母。家庭领导者们在一个安全有爱的家庭里把我养育大，让我接受了良好的教育，拥有坚定的信仰，具备明确的道德准则。我的父亲在国家半导体公司的工作岗位上以身作则，亲自向我示范了领导者需要具备的素质和特性。

在我人生的第二篇章里，这个主题是领导力的学习——通过在学校联谊会里担任主席，从印第安纳大学商学院取得学位，以及在宝洁公司品牌管理部门里向强大的领导者们学习，我开始对观察领导者、了解领导者和思考领导力等方面萌生了兴趣。我开始学习领导力。

第三篇章时我已经成了大公司的管理层。我32岁时就成了年轻的副总裁，在之后的十几年里，一直管理着纳贝斯克和达美乐比萨的市场营销和产品开发团队。我职业生涯本应以肯德基的百胜餐饮品牌总裁身份画上圆满句号。但我得到了一些艰难的教训——与乳腺癌作战并且经历了一段失败的餐饮集团总裁任期。我经历了领导力的挑战。

然而下一个篇章涵盖了我的整个婚后生活，从1981年到现在。我的丈夫与我成了家庭的合伙领导者，养育着3个女儿。除了一本《圣经》以外，完全没有任何的参考书。我们作为父母并不完美，但我们热爱着这项领导事业：把女儿们养育成有信仰的人，并且让她们走上自己的人生主题。

本书故事开始于我最近的一个人生篇章，我受派派思董事会之邀，带领这支以其传统的路易斯安那美食著称的品牌，重整旗鼓，创造辉煌。这是我人生之中最好的管理经历。有了鼎力相助的董事会、精明能干的团队、独特鲜明的品牌，以及超过300家特许经营商的长期投资，我们取得了一系列卓越成果。而且在此过程中，我们创立了勇于服务的成功商业案例。

我期待着自己能在以后的时光里，激励那些受目标驱动的领导者在人生的各个方面展现出他们的能力与个性。这是我一生的使命。我真的非常感激能有这样的机会服务众人。

www.daretoserveleaders.com